Bibliothèque de la Chambre de Commerce de Paris. Renseignements commerciaux
Supplément au n° 9.

MISSION COMMERCIALE

AU

TRANSVAAL

RAPPORT DE M. HUGOT

DÉLÉGUÉ DE LA CHAMBRE DE COMMERCE DE PARIS

PARIS
LIBRAIRIES-IMPRIMERIES RÉUNIES
2, RUE MIGNON

1896

Bibliothèque de la Chambre de Commerce de Paris. Renseignements commerciaux
Supplément au n° 9.

MISSION COMMERCIALE
AU
TRANSVAAL

RAPPORT DE M. HUGOT

DÉLÉGUÉ DE LA CHAMBRE DE COMMERCE DE PARIS

PARIS
LIBRAIRIES-IMPRIMERIES RÉUNIES
2, RUE MIGNON

1896

Bibliothèque de la Chambre de Commerce de Paris. Renseignements commerciaux.
Supplément au n° 9.

MISSION COMMERCIALE

AU

TRANSVAAL

RAPPORT GÉNÉRAL

Nous avons accompli notre voyage dans l'ordre suivant : colonie du Cap, État libre d'Orange, République Sud-Africaine (Transvaal), colonie de Natal, Delagoa-Bay (Lourenço-Marquez), Maurice, Bourbon, Madagascar. Nous relatons nos observations dans l'ordre où nous les avons recueillies.

COLONIE DU CAP.

Quand on arrive à Capetown, l'aspect de la rade où sont mouillés de nombreux navires, l'activité qui règne dans les docks et sur les quais où circulent les trains, font naître chez le visiteur français (qui connaît les faibles chiffres donnés par les statistiques des importations et des exportations françaises par ce port) l'idée que notre commerce y est susceptible d'un grand développement. — En effet, cette colonie du Cap est immense, elle grandit tous les jours, car il faut y rattacher l'annexion du Griqualand-West en 1875 et des immenses territoires de la Compagnie à Charte du Sud africain, qui va porter ses limites presque aux bords du Zambèze. — Trois ports importants : Capetown, Port-Elizabeth, East-London reçoivent par an plus de 2000 navires, dont 1600 steamers. — Des lignes de chemin de fer mettent ces ports en communication avec l'État libre d'Orange et le Transvaal ; un trafic énorme encombre les voies, les transports y souffrent des retards de plusieurs semaines et, en présence d'un pareil marché, vos délégués se promettaient qu'une étude approfondie des différents éléments de cet énorme trafic leur révèlerait les moyens d'y faire participer nos productions nationales.

Sans entrer trop avant dans l'histoire et la géographie de la colonie du Cap et en vue d'éviter des recherches au lecteur, il nous paraît utile d'exposer ici sommairement le présent et le passé de la colonie du Cap. — Il passera ainsi par les diverses étapes d'une civilisation particulière et se rendra compte de la marche et de la direction d'un commerce devenu considérable et des causes pour lesquelles il ne semble pas que nous puissions y prendre une large part.

Dès 1652, *The Netherlands East India C^y^* envoyait 3 navires : *le Dromedaris*, *le Reijger* et le yacht *Goede Hoop* et 116 Hollandais débarquaient à Table-Bay, construisaient un fortin en terre, bâtissaient des huttes, défrichaient leurs jardins et prenaient possession des pâturages. — Une première période d'hostilités fréquentes avec les Hottentots dura vingt ans. — Capetown n'était alors qu'un port de relâche pour les navires hollandais de la Compagnie des Indes et cette station était d'une grande utilité pour le ravitaillement des navires en ces temps de lente navigation.

En 1672, la colonie hollandaise s'étendait déjà du cap Peninsola à Saldanha-Bay; les terres, rivières, criques, forêts et pâturages ayant été achetés de deux roitelets hottentots moyennant un lot de marchandises : eau-de-vie, tabac, perles etc., évaluées £ 1600 dans le marché, mais dont le prix coûtant avait été en fait £ 9.12.9(1).

En 1687, les huguenots français qui avaient cherché un refuge en Hollande, alors le pays le plus libéral de l'Europe, émi-

(1) Theat, *Histoires des Républiques de l'Afrique du Sud.*

grèrent en nombre au Cap, y importèrent la culture du blé et de la vigne et y conservèrent vingt ans l'usage de leur langue ; mais, dès 1709, l'usage du français fut interdit dans les communications avec le gouvernement et en 1724 la lecture des Saintes Écritures en français dans les églises eut lieu pour la dernière fois. Les générations suivantes se fondirent avec la descendance des colons hollandais et allemands et formèrent cette race aux habitudes pastorales, au caractère ferme et indépendant, habituée aux grands espaces et aux longs parcours dans l'immense Veldt, ou champ de pâture, qui s'étend de l'extrémité du continent africain aux bords du Limpopo, sur une longueur de 3000 kilomètres. A chaque pas, en Afrique du Sud, on trouve des noms français : Joubert, Marais, du Toit, Devilliers, etc.

Ce sont ces Burghers ou Boers, ennemis des agglomérations urbaines, inspirés par la lecture de la Bible, leur unique livre, prêts à émigrer d'un paturage à un autre suivant le mode biblique, qui ont préparé les voies à la domination anglaise au Natal et qui, repoussés du Natal par le flot anglais, ont fondé ces Républiques de l'Orange et du Transvaal dont nous aurons à nous occuper tout à l'heure.

Il convient de remarquer en passant que si, dans les villes de la colonie du Cap, la majorité de la population est de race anglaise, la majorité de la population des districts ruraux descend au contraire de ces Boers, et le Parlement de Capetown se compose surtout de membres de sang boer. Le peuple de la campagne et la populace des villes parlent le patois boer. Les territoires récemment annexés : Le Griqualand, le Bechuanaland, le Matabeleland, le Mashonaland sont, au contraire, occupés par des aventuriers ou résidents anglais.

Les Hottentots disparurent peu à peu au contact d'une civilisation à laquelle ils ne purent se plier ; les épidémies de petite vérole les décimèrent ; les misérables restes de leurs tribus se répandirent partie dans les régions au sud de l'Orange, partie dans les districts à l'est où ils s'employèrent comme gardiens de bestiaux, etc. Ces Hottentots, croisés avec les blancs, les Malais et les noirs de la côte Est importés comme esclaves par les Hollandais, ont créé cette population de couleur, si considérable au Cap où le mélange des sangs varie à l'infini. L'aspect de cette population flatte peu l'œil européen.

En 1806, la guerre existait entre l'Angleterre, la France et la République Batave.

En janvier de cette année, une flotte anglaise jeta l'ancre dans la baie de la Table, s'empara de Capetown, l'occupa. Le Cap devint ainsi une colonie britannique, quoique ce ne soit qu'en 1815 que le roi de Hollande céda finalement la colonie, moyennant 150 millions de francs.

A ce moment, il y avait 30 000 esclaves dans la colonie, descendant principalement de ceux introduits de la côte de Guinée dans les premiers jours de la colonisation.

Le gouvernement anglais favorisa l'émigration de ses nationaux au Cap; l'influence anglaise grandissante était de plus en plus à charge aux anciens colons. Leur seul moyen de protester, c'était le *Trek*. Ceux qui se trouvaient molestés abandonnaient la place et recouraient au *Trek* (1).

L'un des plus grands exodes des Boers date de 1827, quand l'usage de l'anglais fut imposé, que les cours de justice furent modelées sur la forme anglaise et que des magistrats anglais prirent la place des Landdrost boers.

En 1834, l'abolition de l'esclavage fut proclamée par sir Benjamin D'Urban et les indemnités versées aux propriétaires n'équivalaient qu'au tiers de la valeur des esclaves. Cette mesure provoqua une nouvelle émigration.

« Tout démocrates et amants de la liberté qu'étaient les Boers, leurs idées de liberté et d'égalité n'incluaient ni les Cafres ni les Hottentots. Tous les noirs n'étaient à leurs yeux que de simples « Canaanites » qu'eux, race choisie par Dieu, fidèles à un commandement divin, avaient pour mission de disperser et de détruire.

« Aussi les émigrations des Boers ont-elles été marquées par leur barbarie envers les natifs. » (D. Currie).

10 000 Boers avaient émigré avec leurs wagons et leurs bœufs, leurs brebis, leurs chevaux et, par parties de 50 à 100 familles, « trekké » lentement à travers les vastes plaines de l'Orange et du Vaal. D'autres franchirent les passes du Drakensberg, descendirent vers la côte de l'Océan Indien, traitèrent d'abord

(1) On désigne sous le nom de *Trek* le procédé primitif d'émigration qui consiste à charger sur des chariots à bœufs familles et biens pour se rendre vers de nouvelles contrées.

amicalement avec les chefs zulous, maîtres du pays. Traîtreusement assaillis ensuite par ces sauvages, une guerre d'extermination eut lieu ; les Boers vainqueurs, fondèrent Pieter-Maritzburg et jetèrent les premiers fondements de la ville qui, plus tard, devint Durban. En 1840, ils hissèrent le pavillon de la République de Natal que le gouvernement anglais refusa de reconnaître.

Après de sérieuses difficultés entre les Boers et les Anglais, la République fut abolie en 1843, Natal fut proclamée colonie anglaise et, en 1845, annexée à la colonie du Cap. De nouveau annexés à l'Angleterre, les Boers, de nouveau « trekkèrent » : les uns rejoignirent leurs frères en Orange, d'autres franchirent le Vaal (1).

Le gouvernement anglais voulut s'opposer au *trek* des Boers et les obliger à regagner leurs résidences, et, pour ce faire, traita avec les chefs nègres du Basuto, du Criqualand, du Pondo et du Zululand, pour opposer une digue à l'émigration des Boers ; mais ces entêtés n'en tinrent aucun compte. Le gouvernement anglais envoya des troupes et un officier, qui fixa sa résidence à Bloemfontein, et sir Harry Smith, gouverneur du Cap, proclama *British Territory* le territoire entre le Vaal, l'Orange et les montagnes Kathlamba, sous le nom de « Souveraineté de la Rivière d'Orange ». — A peine retourné au Cap, le gouverneur apprit que les fermiers avaient repris les armes avec Pretorius à leur tête. Il revint leur livrer bataille à Boomplatz et les défit. Les plus violents d'entre les Boers, abandonnant le territoire d'Orange, traversèrent le Vaal River et se fixèrent dans les plaines au delà du Vaal, et Pretorius devint commandant général de la nouvelle République qui s'y forma et dont l'indépendance fut reconnue par la convention de Sand River, en 1850.

Telles sont les origines du Transvaal ou République Sud-Africaine.

(1) Quant à Natal, après l'exode des Boers, devenue province de la colonie anglaise, elle devint une colonie distincte en 1856, sous un lieutenant-gouverneur et un conseil législatif, jusqu'à ce que, en 1893, un gouverneur responsable fut accordé à la colonie.

Dans l'intervalle, la colonie naissante eut à soutenir avec les Zoulous, ses voisins, commandés par le fameux Cettivayo, la guerre de 1878 (dans laquelle périt le prince impérial).

La domination anglaise avait été rétablie dans l'État d'Orange, mais l'esprit latent de rébellion en ce pays et le désir général en Angleterre de ne plus intervenir dans les affaires intérieures sud-africaines, conduisirent la métropole à abandonner et à renoncer à toute domination sur le territoire de la rivière d'Orange et à garantir l'indépendance future de l'État libre d'Orange (1854).

Ajoutons que, au cours de la possession par l'Angleterre de la colonie du Cap, non moins de sept guerres cafres (*Kafir wars*) avaient ensanglanté le sol austral africain, guerres marquées, comme toutes celles avec les sauvages, par des surprises, des trahisons et des massacres, guerres où les blancs, toujours finalement victorieux, ont payé leurs victoires définitives au prix de sanglants sacrifices.

L'histoire de la colonisation est la même partout et ce qu'on appelle le génie colonisateur de l'Angleterre n'est que l'assemblage de ces qualités des peuples énergiques : la volonté, l'endurance, le sacrifice même au service de la force, pour le triomphe de ce que les conventions sociales de l'Europe appellent la civilisation et ce que Darwin appelle la destruction fatale des plus faibles par les plus forts.

Reconnue par la convention de Sand-River, en 1850, la République du Transvaal eut de pénibles commencements. Les Boers se soulevèrent contre le gouvernement du président Burgers, qui voulait les moderniser, et certains recoururent à leur moyen ordinaire d'indépendance : le *Trek*, et, franchissant la « Terre de la Soif », s'en allèrent jusque dans le Benguela. D'autre part, la guerre éclata entre les noirs Bapedi et les Boers transvaaliens, qui se trouvèrent aussi menacés par les *impis* de Cettywayo. Le gouvernement anglais, craignant de voir la révolte et la guerre gagner de tribu en tribu et mettre ses colonies en danger, ordonna à sir Theophilus Shepstone de se rendre au Transvaal afin d'aider les Boers dans leur résistance. Il trouva le pays dans un état d'anarchie, le gouvernement sans autorité, les taxes refusées, les noirs triomphants et, faute d'union, le pays menacé d'une invasion de Zoulous. Pour le sauver, Shepstone, le 12 avril 1877, le proclama à nouveau territoire britannique, transférant ainsi à l'Angleterre les difficultés qui menaçaient d'écraser les Boers.

Aussi longtemps que sir Theophilus Shepstone resta à la tête des affaires, il n'y eut pas d'opposition ouverte à la domination anglaise, mais l'esprit d'indépendance fermentait toujours. Députations après députations se rendirent en Angleterre pour protester contre l'annexion et la faire annuler. Le général Joubert et le président Kruger firent partie de l'une de ces députations.

Les Boers reçurent chaque fois une réponse négative.

« Aussi longtemps que le soleil brillera au ciel, dit sir Garnet Wolseley, à Pretoria, le Transvaal sera terre anglaise. »

La nomination de sir Owen Lanyon à la place du bienveillant Theophilus Shepstone et la promulgation d'une Constitution où le Volksraad électif était remplacé par une Assemblée dont les membres étaient *nommés* par le pouvoir anglais précipita la crise.

A Paarde-Kraal (où la ville minière de Krugersdorp s'étend aujourd'hui), un immense meeting fut convoqué ; il y fut résolu que les Boers se lèveraient en masse pour conquérir leur indépendance, que, battus, ils brûleraient leurs demeures, ravageraient le pays et « trekkeraient » au delà du Limpopo. — Trois généraux furent élus et le drapeau de la République de l'Afrique du Sud fut déployé et salué des hourras des Boers.

La courte guerre qui suivit fut désastreuse pour les armes anglaises. Pretoria et les autres centres du Transvaal occupés par des garnisons anglaises furent investis et les communications coupées. Un détachement du 94ᵉ anglais fut presque anéanti à Bronkhorst-Spruit par une troupe de Boers à cheval.

L'émotion fut intense dans la colonie de Natal. Le gouverneur général George Colley marcha immédiatement vers le Nord avec une colonne de 1000 hommes. Les Boers vinrent à sa rencontre, franchirent la frontière du Natal et prirent une forte position sur les deux côtés d'un défilé, Lang's-Nek. Les Anglais ne purent forcer le passage. Quelques jours plus tard, un détachement d'éclaireurs anglais fut attaqué à Ingogo-Heights et laissa les deux tiers de son effectif sur le terrain.

Le 26 février, le général Colley quitta son camp de Mount Prospect avec 600 hommes et silencieusement gravit le sommet de Majuba-Hill, à 2000 pieds au-dessus du campement des Boers. Le général Joubert, des Boers, demanda des volontaires pour donner l'assaut, 150 jeunes gens se présentèrent et grimpèrent dans les ténèbres de plateau en plateau. A minuit, 70 d'entre eux parvinrent au sommet et ouvrirent un feu de tirailleurs meurtrier sur les soldats anglais surpris et terrifiés, qui s'enfuirent sur les versants de la montagne, laissant derrière eux 94 tués, 174 blessés et 57 prisonniers. Cet exploit n'avait coûté aux Boers qu'un tué et 5 blessés. Le général anglais Colley était lui-même au nombre des morts, et, sans les highlanders campés sur un col voisin, aucun soldat anglais n'eût échappé. Le général Joubert, dans son rapport à Kruger, s'exprime ainsi :

« Les troupes ont combattu en héros, mais c'est Dieu qui nous a donné la victoire. »

Ce combat fatal termina la guerre. Des renforts arrivèrent à Natal : le général Roberts fut envoyé d'Angleterre pour commander l'expédition, mais il fût arrété à Capetown par de nouvelles instructions, et sir Evelyn Wood reçut l'ordre de conclure un armistice et la paix. Cette paix fut due à l'initiative de M. Gladstone, alors premier ministre d'Angleterre.

Une convention comprenant les termes de paix fut ratifiée par la Volksraad en 1881 et modifiée en 1884, le seul vestige du pouvoir britannique étant le droit de veto sur les traités que le Transvaal pourrait faire avec les nations étrangères, sauf l'État libre d'Orange.

Depuis 1884, l'autorité de l'Angleterre déléguée à la Chartered Company s'est étendue sur les territoires qui enclavent le Transvaal à l'Ouest et au Nord : Bechuanaland, Matabeleland et Mashonaland. Le territoire du Transvaal est donc aujourd'hui borné sans pouvoir s'étendre. Une tentative de *Trek* des Boers en 1891 a été arrêtée par les forces anglaises sur les bords du Limpopo. Oom Paul (Oncle Paul, le président Kruger) a lui-même découragé tout nouvel exode. Les destinées de la République Sud-Africaine doivent s'accomplir dans ses limites actuelles. Son peuple de migrateurs est condamné à devenir sédentaire. Il n'en est que plus jaloux de son indépendance. Le Transvaal s'est trouvé recéler dans les entrailles de son plateau rocheux les plus riches mines d'or du monde. Désormais sont en présence les deux civilisations les plus opposées, les représentants des mœurs primitives et les enfants des nations enfiévrées et raffinées. L'or est un grand magicien. Il nous semble que l'avenir prouvera la vérité de la doctrine de Darwin. Les Boers des deux derniers siècles sont condamnés à se modifier. Descendants des Boers et des Européens se fondront dans une race commune, celle du Natal et des territoires de la Chartered : « les *Afrikanders*, » et, par une ironie du destin, les artisans de cette fusion sont les 50 000 noirs, amis du soleil, qui travaillent dans les profondeurs de cette terre dont ils étaient les maîtres depuis que le plateau quartzeux de l'Afrique australe avait émergé des flots, qu'il surmonte de 6000 pieds.

Cette introduction historique nous a paru nécessaire pour faire passer la Chambre avec nous, par les phases de notre étude de ces différents marchés au point de vue spécial qui nous occupe.

En effet, un marché se compose de deux éléments : l'importation et l'exportation.

En ce qui concerne l'importation, elle est dirigée par des conditions qui s'imposent :

La population, la nature de cette population, ses moyens, ses habitudes et ses besoins.

Population de la colonie du Cap en 1891, *environ* 1.000.000.

Blancs. . .	337.000	Malais. . .	13.000	Hottentots. . .	44.000
Cafres. . .	335.000	Mêlés. . .	226.000		

dans les districts principaux :

District de Capetown	97.000	dont	48.000	blancs.
— Port-Elizabeth	25.408	—	14.000	blancs.
— East-London	21.000	—	7.000	blancs.
— Queenstown.	43.000	—	6.500	blancs.
— Kimberley.	48.000	—	20.000	blancs.

Ces chiffres sont augmentés depuis le dernier recensement de 1891, sauf pour Kimberley, qui a diminué pour des circonstaces qui seront exposées ci-après.

Le climat est beau, chaud pendant huit mois, pluvieux pendant quatre.

La consommation des blancs est variée suivant leur état social ; sur les 337 000 Européens ou blancs, plus des trois quarts ne sont des consommateurs que des objets de première nécessité. — Le rapport de M. Raffray, notre consul à Capetown, publié chaque année par les soins du Ministère des Affaires étrangères et du Commerce donne la nomenclature et les quantités de chacune des marchandises d'importation. Les gros articles : céréales, farines, sucre, rhum, café, car la colonie, presque entièrement pastorale (sauf aux environs du Cap), ne produit pas de céréales, viennent directement sous pavillon anglais des colonies anglaises : Australie, Maurice, Indes, Antilles, etc.

Les tissus, coton, laine viennent d'Angleterre, les quelques soieries, rubans, velours, etc., articles de fantaisie, quincaillerie sont également importés sous pavillon anglais, et la part qu'y prend la France (on reconnaît bon nombre d'articles français quand on en fait l'objet d'un examen) n'est point déterminée par les statistiques des douanes du Cap (ainsi que le fait judicieusement observer M. Raffray), par la raison que Londres les reçoit d'abord et les réexpédie. Sauf quelques maisons allemandes, surtout en quincaillerie, la plupart des établissements de Capetown, de Port-Elizabeth, d'East-London et de Kimberley sont des succursales de négociants anglais. La colonie du Cap frappe des mêmes droits de douane (qui varient de 0 à 15 pour 100) les marchandises de toutes les nations, y compris celles de la mère-patrie, et de ce chef les expéditeurs n'ont aucun intérêt à en divulguer l'origine.

D'autre part, les habitudes des colons sont nettement anglaises, la concurrence y est active, les stocks toujours nombreux et l'état des affaires n'est point de nature à encourager la fondation dans la colonie de maisons françaises.

Quelques-uns de nos concitoyens, jeunes, énergiques (dont certains ont trouvé l'appui, soit du Ministère, soit de notre Société d'encouragement) s'y sont établis. Nous les avons visités avec intérêt, accompagnés de M. le consul qui, nous avons plaisir à le déclarer, tient à cœur le développement de nos exportations et s'efforce de seconder nos nationaux, qui, tous, trouvent auprès de lui l'appui de sa bienveillance et de ses démarches. Ces jeunes gens, en nous faisant part de leurs efforts pour vaincre les premières difficultés et en se félicitant d'un modeste succès, nous ont fait toucher du doigt les conditions pénibles d'un marché inondé de marchandises ordinaires dont le bas prix rend la lutte impossible aux articles similaires français. A notre questionnaire sur l'importation française souhaitable des vêtements d'homme, des chapeaux de feutre dur, des chaussures : en un mot, des articles de grande vente, ils nous ont démontré, spécimens en main, que ce marché est aux mains des Anglais, des Belges et même des Américains (machines et tissus de coton). Il n'est, en effet, pas plus facile pour nous d'écouler ces articles sur le marché sud-africain qu'il nous le serait de les vendre sur le marché de Londres, puisque ce dernier est librement ouvert.

Il faut faire naturellement exception pour les articles de marques, tels que certains objets de parfumerie et, malgré la concurrence des vins du Cap, pour les liquides français : vins de Bordeaux, champagne, vermouth et liqueurs cotées, qui sont là-bas aussi bien représentés que possible. — Nous saisissons cette occasion de déclarer que, dans les divers pays que nous avons visités, cette même remarque peut être appliquée. — Il est d'ailleurs naturel que des produits sans concurrence analogue, favorisés par cette circonstance, s'ouvrent un chemin plus facile que les autres.

Consommation de la population de couleur :

Etoffes en coton,
Couvertures en laine,
Bonbonnerie,
Pipes et tabac,
Verroterie et bijouterie.

Il est à peine besoin de signaler ces articles pour établir que notre production ne saurait trouver un débouché au Cap. — La France, pour de multiples raisons dont la moindre est le défaut d'outillage, ne saurait lutter pour les cotonnades à bas prix avec le Lancashire, aujourd'hui concurrencé et souvent battu par le Massachussets et l'Inde.

Il en est de même pour les couvertures ordinaires, que Manchester et Terremonde en Belgique produisent à si bon marché. A ceux des intéressés qui voudraient s'en rendre compte, nous signalons que la Chambre de Commerce de Lille a pris l'initiative de s'en faire envoyer des échantillons par les soins de nos consuls au Cap et à Durban.

Bonbonnerie. — Grand article de consommation, mais les prix des producteurs français sont tels, en comparaison des prix anglais, qu'une des principales maisons d'importation du Cap, française et revendiquant sa nationalité, est impérieusement forcée de s'adresser en Angleterre. — Nous avons constaté nous-mêmes que certaines de ces marchandises présentées aux noirs sous de séduisants dehors d'emballage, sont de 50 pour 100 au-dessous des prix français. L'Angleterre, qui se livre à une grandiose fabrication de ces bonbons pour tous les pays de races de couleurs, a-t-elle donc des moyens de se procurer le sucre à des prix meilleur marché que les producteurs eux-mêmes. Est-ce une question de drawback dont nos bonbonniers ne jouiraient pas? ou ne recule-t-elle pas devant l'emploi de matières interdites à notre fabrication ?

Tabac, pipes. — Le premier de ces articles, objet d'une large importation, ne saurait concerner la France.

La quantité de pipes françaises importées au Cap est très grande, mais aucun envoi n'arrive directement de France. — Tous les samedis, sur la parade, à Capetown, se font des ventes à la criée dans lesquelles les pipes sont largement représentées : ce sont, pour la plupart, des marchandises importées de Londres. — Les colonies anglaises, en effet, servent de déversoir aux stocks anglais qui deviennent trop forts en différents articles et il n'est pas rare, au dire de nos compatriotes du Cap, de voir ces marchandises adjugées à un prix inférieur aux prix courants. Tel est l'effet d'une concurrence excessive entre nationaux mêmes.

Verroterie, bijouterie. — La verroterie n'a jamais été qu'un article fabriqué en dehors de la France; il n'apparaît pas que notre pays puisse, en aucun cas, lutter avec la Bohême, etc.

Quant à la bijouterie très ordinaire, quelques affaires ont pu être traitées avec Paris par l'une des jeunes maisons françaises que nous avons signalées.

EXPORTATION

Là est la véritable importance du commerce du Cap.

Les articles de grande exportation sont : les diamants (100 millions de francs) (1);

Les laines;

(1) Voir l'article spécial aux annexes.

Les peaux de bœuf, cornes et os;
Les peaux de chèvre;
Le mohair;
Les plumes d'autruche;
Les conserves de langoustes.

Les laines sont de qualités variables et plutôt ordinaires. Il n'en est point au Cap comme en Australie où la création d'une race spéciale à superbe laine attire les acheteurs des fabricants de Reims et de Roubaix. Les laines du Cap vont toutes à Londres.

Il en est de même des peaux de bœuf, cornes ou peaux de chèvre, des poils de chèvre angola, dits mohair, et des plumes d'autruche.

Il ne saurait d'ailleurs en être autrement. Le commerce de la colonie est intimement lié à celui de la métropole. De même que les maisons d'importation sont presque toutes les filiales ou les commanditées des maisons londonniennes, de même les maisons d'achat et de commission de Capetown, Port-Elizabeth, East-London sont des agences de maisons de Londres. Producteurs et expéditeurs sont liés ensemble par des contrats; presque tous les fermiers ont des comptes courants d'avances de fonds chez les maisons d'achat qui font à la fois commerce et banque. Le capital est rare dans les districts ruraux et le fonds de roulement d'une ferme de 3000 à 5000 *morgens* (1) (2500 à 4000 hectares), dimension ordinaire des fermes d'Afrique, est généralement emprunté aux commissionnaires. Ces conditions se sont aggravées, il y a quelques années, du fait de la maladie qui a sévi sur les autruches domestiquées qu'on n'élève plus maintenant qu'à l'état de liberté, après des pertes énormes causées par l'épidémie. Les troupeaux de moutons ont été également décimés par le *scab;* en somme, la situation économique des agriculteurs est au Cap actuellement ce qu'elle est dans tous les pays du monde, relativement précaire.

Mentionnons ici l'établissement de deux usines de conserves de langoustes établies à Capetown, l'une française, l'autre fondée par des capitalistes de la colonie et dirigée par un Français.

Ces usines exploitent les bancs immenses de crustacés qui se

(1) Le *morgen* = 85 ares 38 centiares.

trouvent dans les baies de la colonie, principalement dans Table-Bay. Les produits en viennent en grande partie en France, les Anglais appréciant peu le goût de cette langouste, cependant excellente; le marché anglais donne la préférence aux homards d'Amérique. Ces conserves du Cap paraissent devoir s'ouvrir en France un marché de plus en plus grandissant, en raison de leur prix avantageux.

Les pays anglais sont par excellence les pays de *corners* ou de syndicats. Un exemple m'en était donné par le capitaine d'un steamer anglais qui fréquente depuis longtemps les ports du Cap. Il était sûr de son fret en certains articles et m'assurait que la production des peaux de chèvre d'Angola et du poil dit mohair de toute la région était devenue le monopole d'un *ring* de trois maisons qui en tenaient ainsi les cours, ces trois maisons ayant en permanence des crédits ouverts à tous les producteurs moyennant des contrats de trois années, constamment renouvelables dès la deuxième année.

Il me citait le nom d'une quatrième maison, qui n'avait pu rompre ce *ring*, même au sacrifice de £ 30000. Ces peaux de chevreau, me disait-il, sont surtout employées par la fabrication française de gants et vos manufacturiers sont forcés de les tirer de Londres.

Il est aisé de se rendre compte par ces détails de l'importance du marché de Londres et combien il est difficile de détourner les courants qui ont rendu cette ville l'entrepôt de l'Europe. Quand les éléments d'importation et d'exportation d'un même marché peuvent être exploités par le même pays, les conditions du trafic lui deviennent des plus favorables.

Deux lignes de vapeurs postaux : l'Union Line et le Castle Line, faisant chacune courir par semaine un steamer à seize nœuds, de Southampton à Capetown (seize jours), et un à treize nœuds, dit intermédiaire (vingt jours); sans compter le Clan Line, l'Aberdeen Line, le Shaw Saville et Albion Line, etc., etc., assurent à l'Angleterre le monopole du fret et des passagers de l'Afrique du Sud et barrent virtuellement cette route aux marines étrangères. Nous aurons plus loin à revenir sur cette question.

Et cependant cette colonie du Cap, qu'il ne faut pas juger sur l'impression que produit l'activité de sa ville, a connu des temps pénibles qui ne sont pas encore loin de nous. Lors de l'ouverture du canal de Suez, le port de Table-Bay a vu son importance diminuer rapidement; Capetown languissait, les finances de la colonie fléchissaient lorsque la découverte des mines de Kimberley et du Transvaal devint pour la colonie du Cap une aubaine inespérée.

Les ports de Capetown, Port-Elizabeth, East-London reçurent tous les passagers et les marchandises destinés aux mines; le gouvernement du Cap se hâta de terminer ses lignes sur la République Sud-Africaine.

Les trois lignes du Cap à Johannesburg, de Port-Elizabeth à Johannesburg, d'East-London à Johannesburg se couvrirent de trucks transportant l'immense quantité de matériel d'exploitation des mines d'or et les marchandises de toute nature nécessaires à une population sans cesse grandissante. — Un droit de transit de 5 pour 100 fut établi par la colonie. Ce droit et les frais de transport sur les immenses voies ferrées appartenant à la colonie ont fait tomber dans ses caisses une manne bienfaisante, rétabli ses finances et porté le cours de son 3 1/2 pour 100 à 112.

ÉTAT LIBRE D'ORANGE

Nous en avons dit les origines. C'est une vaste plaine herbacée d'environ 50 000 milles carrés, à une altitude de 4 à 5000 pieds. 250 000 hectares sont seulement en culture. La nature du sol est exactement celle de la colonie du Cap. La population est de 77 000 blancs et de 130 000 noirs. Les produits d'exportation sont :

Les diamants des mines de Jagersfontein (la Société qui exploite ces mines de diamants plus blancs que ceux de Kimberley a ses intérêts liés à ceux de la Compagnie de Beers);

Les céréales et bestiaux;

Les laines, mohair et peaux.

Un accord particulier entre l'Orange et la Colonie du Cap permet l'introduction en franchise des produits de l'Orange au Cap. La « Bank of Africa » du Cap a des succursales en Orange. C'est la ligne des chemins de fer du Cap qui dessert le Free State. Bloemfontein, la capitale, n'est qu'une ville rurale de 5 à 6000 âmes et la population tout entière de l'Orange, de même race que la population du district de la colonie du Cap, s'alimente uniquement de matières d'importation à Capetown, Port-Elizabeth et East-London.

Le commerce français n'y saurait donc trouver aucun aliment.

LE TRANSVAAL.

Après une longue traversée par rail de 1700 kilomètres à travers le plateau africain aux horizons monotones et mélancoliques à peine animés de temps en temps par l'apparition d'une autruche stupide ou d'une théorie de longs chariots aux longs attelages de huit ou dix paires de bœufs, le train suit une ligne de collines et, de quelque côté que l'œil se porte, le regard est arrêté par les hauts échafaudages en bois, les gréements d'ascension des bennes, les hautes cheminées d'usine et les amoncellements de *slimes* (résidus des conglomérats travaillés).

C'est le Witwatersrand, le centre le plus riche de cette production d'or qui, depuis quelques années, a attiré l'attention du monde entier sur le Transvaal dont le nom était à peine connu il y a vingt ans.

Depuis la frontière d'Orange, à 90 miles (1) de Johannesburg, le train qui a pris à son bord l'agent des douanes du Transvaal ne s'est point arrêté. Il arrive enfin à Park-Station et le premier coup d'œil nous donne la même impression que celle qui nous avait frappé en arrivant dans les villes australiennes que nous avions autrefois visitées.

Des voies longues et larges, au sol rougeâtre, bordées de maisons espacées, la majeure partie basses et en bois, hâtivement construites, encore entourées de jardins, et, à mesure qu'on avance vers le centre de la ville, prenant de plus en plus le caractère d'édifices, puis se pressant et formant de véritables rues de ville anglaise, mais avec un ciel pur, une lumière éclatante et une intensité de circulation et de vie, témoignage de l'activité d'une jeune cité dont la rapide croissance a fait la fortune des premiers occupants et qui paraît appelée à de grandes destinées.

D'habiles écrivains, inspirés par le spectacle curieux et saisissant de cette ville qui court à ses destinées de métropole sud-africaine ont fait la description de son aspect et de l'assorti-

(1) Le mile anglais = 1609^{m},314.

ment bizarre de sa population en un style brillant et rapide, à l'image de l'objet de leurs récits (Bousquet). Ces récits donnent bien le reflet de l'impression qu'elle produit au touriste de passage. — Le contraste des habitants entre eux, depuis le Boer campant sur la place du marché avec son chariot à 18 bœufs, jusqu'au millionnaire contrôlant 200 millions de capital; depuis le cottage sans étage, couvert en *corrugated Iron*, bâti il y a cinq ans, sur un terrain qui vaut aujourd'hui £ 30 000 à côté d'un récent édifice qui a l'élégance d'un palais : tout trahit la transformation hâtive d'une bourgade qui devient grande ville. — Les rues débouchent dans la plaine non nivelée. Là seront un jour de magnifiques avenues, des squares verdoyants; l'imagination les prévoit. — Telle une adolescente, encore dégingandée, mais qui promet une beauté future! beauté froide et sévère toutefois, comme celles des cités australiennes. — Le confortable moderne remplace l'art. — Le confort existe encore si peu à Johannesburg que l'on comprend que ce soit de ce côté que se tournent d'abord les préoccupations des résidents.

La nature de notre travail nous interdit les peintures et les récits anecdotiques qui pourraient peut-être prêter quelque charme à cette étude. Aussi bien, si l'écrivain fait appel à ses souvenirs, il ne trouve que des impressions agréables auxquelles se mêlent des sentiments de reconnaissance pour la cordialité qu'il a rencontrée de la part de ses habitants; le délégué de votre Chambre doit vous rapporter l'honneur qui lui a été fait dans ce pays, où l'hospitalité, cette vertu des pays nouveaux, est largement pratiquée. Le nom de la Chambre de Commerce de Paris lui a ouvert toutes les portes. Accueilli avec bienveillance par tous : hommes d'affaires, directeurs de mines, chefs de services publics, membres du gouvernement, nous avons trouvé les plus grandes facilités pour notre enquête. Le président Kruger a bien voulu, à la demande de notre consul à Pretoria, nous donner l'occasion de lui présenter nos respects et de constater avec un orgueil légitime, que vous partagerez, en quelle estime le gouvernement du Transvaal tient notre pays et son digne représentant à Pretoria.

On sait, au Transvaal, que le public français est intéressé largement aux exploitations minières de ce pays. On lui sait gré de la confiance qu'il a montrée. La communauté des intérêts est toujours un acheminement à la sympathie. Votre délégué, sans sortir de la prudence que lui commandait la nature de sa mission, s'est toujours efforcé de faire comprendre au public l'intérêt que l'on prend en France au développement de la principale industrie de la République Sud-Africaine et de faire tomber les préventions que des spéculateurs intéressés s'efforçaient de faire naître. Il lui a d'ailleurs été facile de dissiper l'équivoque que les lois sur les sociétés anonymes en France leur avaient permis de créer. Il lui suffisait d'ailleurs d'invoquer l'ampleur des placements effectués en France sur les actions des entreprises transvaaliennes et d'en citer le chiffre d'environ £ 40,000,000.

Au point de vue purement commercial, le Transvaal c'est Johannesburg. C'est dans cette ville au moins que toute l'intensité des affaires s'est portée. Le territoire de la République, y compris le Swaziland, est estimé à 120 000 miles carrés; la population est d'environ un million, dont 175 000 blancs; les noirs sont nombreux au Sud, les blancs au Nord. Son altitude générale varie de 4000 à 6000 pieds; la partie nord descend jusqu'à 1500 pieds. Dans cette partie la fièvre règne.

Les mines du Rand sont dans la partie la plus élevée. Le climat y est sain et tempéré. Il n'y pleut que quatre mois par an. Les parties où le sol s'abaisse en vallées sont irriguées; c'est le cas de Pretoria, capitale du gouvernement, entourée de collines verdoyantes où l'eau est abondante. La nature du sol des hauts plateaux est exactement la même qu'en Orange, c'est le Veldt, l'uniforme Veldt découpé en fermes immenses de 4 à 6000 *morgen* (3 à 5000 hectares), habitées par ces mêmes Boers au nombre de 50 000 environ, qui ont, jusqu'en ces derniers temps, conservé les mœurs et les coutumes d'autrefois et le sentiment indomptable d'indépendance et de dévouement à leurs institutions, sentiment dont ils viennent de donner des preuves récentes.

La population blanche étrangère est d'environ 125 000 individus, dont 70 pour 100 sont de race anglaise. L'historique que nous avons donné ci-dessus nous dispense de faire ressortir l'antagonisme moral qui existe entre les Anglais et les Boers, fils des émigrés d'autrefois du Cap et de Natal. Il n'entre pas dans notre programme de nous occuper de politique sud-africaine. Nous croyons que les divergences des deux races s'éteindront dans un temps rapproché. Les intérêts créent des liens étroits; le flot sans cesse grandissant des étrangers de toutes nations neutralisera peu à peu les animosités réciproques. En peu d'années ceux de ces étrangers qui auront trouvé au Transvaal ce qu'ils n'avaient pu trouver dans leur patrie deviendront des nationaux. *Ubi bene ibi patria.* — Après vingt ans de prospérité future, le drapeau transvaalien abritera une population de plusieurs millions de blancs. Chaque région du monde a sa puissance d'assimilation; elle est plus grande qu'ailleurs sur ce plateau africain où le sol, l'air, la lumière sont si différents de ce qu'ils sont dans les autres parties du monde. Déjà les descendants d'immigrés qui vivent encore sont, comme les fils des Boers rapprochés des centres, devenus des Afrikanders!

Le Veldt lui-même changera d'aspect. Nul doute que la science n'en modifie la nature. Les seuls efforts des Boers se sont bornés à quelques rares cultures de graines qui peuvent germer et murir en quatre mois, mais le temps n'est pas loin où les masses d'eaux torrentielles, de novembre à février, seront scientifiquement recueillies au lieu de les laisser s'évaporer par l'air sec de ces plateaux. Déjà l'eucalyptus australien commence en beaucoup d'endroits à rompre de sa frondaison sévère la monotonie de l'horizon de la prairie. Les générations qui nous suivront verront sans doute des moissons et des forêts trancher sur l'uniformité du Veldt. Qui a vu les plantations et les parcs verdoyants de Ballaraat et de Sandhurst, là où la nature avait fait un désert recouvrant le quartz aurifère, peut prédire au Transvaal les destinées agricoles de la colonie de Victoria.

Quoi qu'il en soit, la divergence entre Boers et Uitlanders est encore très marquée. Oserons-nous dire que la principale des causes de cette divergence doit être rapportée à un sentiment humain.

Quand, par la convention de 1884, l'Angleterre reconnaissait au Transvaal les droits de souveraineté sur les territoires compris entre le Vaal et le Limpopo ou Crocodile-River, nul ne pouvait se douter que, douze ans après, les mines du Transvaal auraient donné au monde un milliard de francs d'or. Ce résultat devait inspirer quelques réflexions chagrines aux colonisateurs anglais rêvant en Afrique la découverte de richesses minières et qui se faisaient concéder par une charte royale les immenses territoires du Bechuanaland, du Matabeleland et du Mashonaland qui ne donnaient et ne donnent encore que des espérances.

Écoutons ce que disait, en 1892, lord Randolph Churchill se rendant en exploration au territoire de la Chartered dont les fondateurs étaient ses amis :

Le Boer fermier personnifie l'inutile paresse.

Occupant une ferme de six à dix mille acres, il se contente d'élever un troupeau de quelques centaines de têtes de bêtes, qui est confié presque toujours aux soins des natifs qu'il emploie.

On peut dire, le plus souvent avec vérité, qu'il ne plante jamais un arbre, ni ne creuse un puits, ni ne construit une route, ni ne cultive un brin de blé. Il permet bien jusqu'à un certain point une culture sommaire et primitive de « mealies » par les natifs, mais il tient les agriculteurs et l'agriculture dans un même et souverain mépris. Il passe sa journée en ne faisant absolument que fumer et boire du café. Il est complètement sans éducation. A l'exception de la Bible (en chaque mot de laquelle il croit avec une crédulité fanatique dans son interprétation la plus littérale), il n'ouvre jamais un livre, ni même ne lit un journal.

Son ignorance est simplement insondable, et il la partage avec sa femme, ses fils et ses filles, en se montrant tranquillement fier que ses enfants grandissent aussi ignorants, incultes et arriérés que lui-même. L'hiver, lui et son troupeau de bêtes descendent chercher de meilleurs pâturages et un climat plus doux au pays bas du Veldt et, dans son « wagon », il passe une vie aussi paresseuse et inutile que dans sa ferme. L'été le voit retourner chez lui, et ainsi d'année en année, de génération en génération, le Boer fermier traîne l'existence la plus dégradée, la plus ignoble qu'une race ait jamais menée parmi celles ayant quelque prétention à la civilisation.

Je dois admettre que j'ai rencontré dans les cercles dirigeants et ailleurs quelques personnes d'extraction boer ou hollandaise à qui ces remarques ne sauraient s'appliquer, personnes ayant des manières polies et aimables, soucieuses de se montrer cordiales et hospitalières, et dont la conversation se distinguait par des idées originales, des sentiments libéraux. Celles-ci, cependant, ne sont que des exceptions brillantes. Je parle de la nation entière des Boers du Transvaal comme je crois les avoir vus. Avec plaisir, j'ai tourné le dos à ce peuple, me hâtant au nord vers des terres douées, je l'espérais, d'une richesse égale et d'un avenir plus brillant ; terres réservées à des propriétaires plus dignes et méritant des destinées plus heureuses. Je me suis réjoui, après tout, de m'être aperçu au Transvaal de ce que les pays et les peuples du Matabele et du Mashona se sont trouvés sauvés, au bon moment, grâce au génie de M. Rhodes et à la tardive vigueur du gouvernement britannique, de l'étreinte funeste et mortelle du Boer.

LORD RANDOLPH CHURCHILL (1892).

Et cependant ces Boers si sévèrement jugés donnaient l'exemple d'une sagesse pratique que nous devrions suivre à Madagascar.

Ils ouvraient leur territoire aux émigrants de tous les pays. Des lois simples et libérales laissaient à chacun le bénéfice de son initiative au profit final de l'État. L'industrie et le génie étrangers avaient toute carrière pour exploiter des richesses que les maîtres du sol eussent laissées inertes. Le Transvaal devint le lieu des activités inoccupées, le sujet d'études, de près ou de loin, de toutes les intelligences. Johannesburg est un foyer de fermentation intellectuelle spéciale. Savants, ingénieurs, capitalistes y viennent chercher le champ de travail et d'initiative que les vieux pays n'offrent plus. En ces temps de navigation rapide et de télégraphie électrique, de pareils ferments créent en peu d'années ce qui était autrefois le travail de générations. Tout ce qui a pu être l'œuvre des hommes a été improvisé ou s'improvise à Johannesburg.

Au 31 décembre 1894, six banques importantes fonctionnaient, favorisant les transactions des résidents entre eux, avec les colonies africaines et avec l'Europe : la Banque Nationale du Transvaal, le Standard Bank, la Banque de Natal, la Bank of Africa. The African Banking Corporation, The Nederland and Credit Vereeniging. Il importe de remarquer que chacune de ces banques a de nombreuses succursales dans les divers États de l'Afrique du Sud et des correspondants directs à Londres et à Paris. Un hôtel des monnaies fonctionne à Pretoria. Le système monétaire étant celui de l'Angleterre, les livres sterling à l'effigie du président Kruger circulent sur le territoire africain austral au même titre que les souverains anglais.

Climat, sol, mesures, monnaie, races, tout est semblable dans chacun de ces divers États ; leur solidarité s'affirme tous les jours davantage et justifie la prédiction d'une confédération future.

L'année 1895, marquée en Afrique comme en Europe par une intensité fiévreuse de la spéculation, a provoqué la création de nouvelles banques internationales qui régulariseront les rapports entre les deux continents et, parmi celles-ci, il nous est particulièrement agréable de saluer la naissante Banque Française de l'Afrique du Sud, qui crée un lien direct entre le Transvaal et la France à l'avantage des intérêts économiques des deux pays.

Le commerce proprement dit de la République transvaalienne a été, en 1894, relativement considérable pour une population aussi faible :

A l'importation, il a atteint 161 000 000, en augmentation de 25 000 000 sur 1893.

Nul doute que les statistiques de 1895 n'accusent une augmentation beaucoup plus considérable encore.

Toutes les natures de marchandises sont représentées, depuis les céréales et farines d'Australie et d'Orange, les sucres, thés et cafés des pays asiatiques et des Antilles, les machines et appareils pour mines d'Amérique, d'Angleterre et d'Allemagne, les verreries, vêtements, tissus, bonneterie, chapellerie de tous pays; les vins et liqueurs du Cap et de France, la bijouterie, la carrosserie, la sellerie, les articles de fantaisie, le tabac, les cigares, etc.

Le tableau détaillé en a été donné par M. Auber, consul de France (1).

Il est probable que la proportion des importations par tête d'habitant est supérieure à celle de toute autre nation du globe. Il est naturel qu'il en soit ainsi; ce pays, comme nous l'avons exposé plus haut, n'étant nullement préparé à satisfaire aux besoins d'une population d'ailleurs sans cesse grandissante, et, en dehors des laines, peaux, cornes et mohairs, qui continuent à prendre la voie du Cap par chariots à bœufs, le Transvaal n'exporte point d'autres produits, si ce n'est l'or, qui les représente tous.

(Le tableau de cette production est résumé dans notre travail sur les mines d'or, annexé au présent rapport.)

Il est naturel que le Transvaal, en ce temps de stagnation des affaires d'exportation, ait attiré l'attention des négociants de toutes les nations d'Europe. L'année 1895 a vu son marché envahi par une foule de négociants et d'agents anxieux de s'y ouvrir des débouchés. Quelle que soit la valeur de la légende qui nous représente comme le peuple le plus sédentaire, le plus ennemi des efforts à tenter au loin, la vérité s'impose et les faits dont nous avons été le témoin au cours de notre enquête donnent un formel démenti à des lieux communs trop souvent débités par ceux-là mêmes qui quittent le moins leurs foyers. Il n'est ni juste, ni vrai de prétendre que nous laissons prendre aux

(1) Ouvrage publié par le Ministère du Commerce (Direction du Commerce extérieur).

autres la place que nous devons occuper (1). Depuis quelques années, nos capitalistes, nos industriels et nos marchands n'ont nullement reculé devant les efforts et les dépenses nécessaires, et nous avons rencontré bon nombre de nos concitoyens venus à Johannesburg pour s'y créer des relations. Il ne nous appartient pas de citer les noms des maisons à l'initiative desquelles nous faisons allusion, et nous savons que d'autres vont y fonder cette année des comptoirs. Nous avons eu le plaisir de constater de nos yeux le succès de certains de nos compatriotes arrivés dans le pays depuis plusieurs années, succès commun à eux-mêmes et aux maisons leurs correspondantes en France. De grandes usines françaises envoyaient en résidence leurs représentants par le vapeur qui nous y portait. Il est à espérer que ces entreprises rencontreront le succès. Elles y rencontreront certainement la concurrence redoutable de maisons anglaises établies à Johannesburg depuis plusieurs années. A ceux qui s'étonneront que nous n'ayons pas été des premiers, il est permis de faire remarquer que les Anglais étaient naturellement placés pour prendre position dès les premiers jours de la vie commerciale du Transvaal. Toutes ces maisons anglaises sont, en effet, des succursales de celles de Capetown, Port-Elizabeth, East-London, qui ont été au courant, jour par jour, des progrès de la République Transvaalienne et ont été amenées, sans grands efforts ni grands risques, à s'établir à Johannesburg.

Nous ne nous sommes point aperçu que la concurrence allemande nous y ait sensiblement devancés.

Quant à l'immense quantité de matières fournies aux mineurs, il était indiqué que la fourniture en fût faite à l'origine par les usines anglaises et américaines, la plupart des ingénieurs employés sur les mines appartenant à ces nationalités, et la fabrication de ces engins étant, jusqu'à présent, exclusivement anglaise ou américaine.

Il nous a été assuré que cette fabrication peut être surpassée sans différence sensible de prix par nos usines françaises. Les

(1) Il en est de même de la légende qui représente nos consuls comme négligeant la partie commerciale de leurs fonctions. Nous avons le devoir de protester contre cette opinion et de témoigner que ces agents au contraire apportent le plus grand soin et la plus grande activité au développement de nos intérêts commerciaux.

installations des mines anciennes sont condamnées, nous a-t-on dit, à être remplacées toutes dans le cours des cinq ou six années à venir. Et si l'on tient compte, d'autre part, du développement probable de l'industrie minière au Transvaal, on peut espérer un appoint d'affaires pour la France. Si toutefois des combinaisons spéciales (telles que payement d'une partie du prix en actions) ne viennent pas faire échec à la bonne volonté des usines. Ce pays-là est le pays des combinaisons, des *trusts*, des syndicats et des amalgamations.

La condition la plus défavorable à l'établissement de nouveaux arrivants est la rareté des locaux et le haut prix des terrains dans la partie commerçante de la ville. C'est à nos yeux l'avantage principal des premiers arrivés. Les terrains ont subi une hausse prodigieuse. Tel terrain qui, il y a cinq ans, valait £ 500, se vend, aujourd'hui, £ 30 000. La construction est hors de prix. Tout ou presque tout doit être importé, depuis le bois de charpente jusqu'au toit métallique, depuis les verres à vitres jusqu'aux meubles les plus usuels. Le prix de la main-d'œuvre des artisans du bâtiment varie de £ 1 à £ 1.10 par jour; les matériaux sont rares et chers; les briques assez médiocres, faites dans le pays se vendent £ 3.10 à £ 5 le mille, c'est-à-dire trois fois le prix d'Europe. Nous aurons à revenir plus loin sur ce sujet quand nous examinerons les conditions de transport et de transit que la situation du Transvaal crée à ses importations.

L'objet de notre mission comporte pour nous l'obligation de donner aux négociants qui pensent à faire des affaires avec le Transvaal notre opinion sur ce marché et la façon de l'exploiter. Nous l'avons déjà donnée à ceux de nos ressortissants, d'ailleurs assez nombreux, qui sont venus nous consulter à notre retour et nous continuerons à être à leur disposition à l'hôtel de la Chambre.

Il ne nous paraît pas que l'envoi de représentants avec échantillons puisse être fructueux. En raison de ce que nous avons exposé ci-dessus, ces représentants n'auraient point d'autres villes à voir sur leur parcours. Il ne s'agit point là d'un voyage analogue à celui que ferait un commis-voyageur aux États-Unis, ni même en Australie.

Aux États-Unis, le grand nombre de villes importantes a créé une sorte de décentralisation commerciale et 30 ou 40 au-dessus de 20 000 âmes forment un champ d'action étendu ; en Australie, Melbourne, Sidney, Brisbane, etc., représentent encore un marché de quelques centaines de mille de consommateurs. Au Transvaal, les autres villes que Johannesburg, c'est-à-dire Pretoria, Potchefstroom, Heidelberg, Barberton, Lydenburg, etc., sont commercialement inféodées à Johannesburg.

Johannesburg elle-même, avec ses 70 000 habitants, compte un nombre de maisons de commerce anglaises en rapport avec sa population. Le voyageur de commerce français se verra assez froidement accueilli ; s'il prend quelques ordres, ils seront le plus souvent remis sous réserve d'être confirmés par la maison-mère de Capetown, de Port-Elizabeth, de Durban, ou même de Londres. Les résultats seront rarement à la hauteur des sacrifices et des efforts. Il aura à redouter les conséquences de faits auxquels il aura été étranger : retards dans l'arrivée, difficultés de douane ou de transit, etc., et quoique souvent convaincu de la supériorité de certains de ses produits, il aura parfois le regret de ne point se les voir commander.

Le seul moyen, à notre avis, de forcer la réussite, c'est la résolution de s'établir à Johannesburg, de se mettre en contact direct avec la consommation et d'apprécier soi-même ou par des agents résidents quels sont les articles d'une vente assurée.

Il faut moins compter sur le trafic actuel que sur celui de l'avenir. Il ne s'agit point là d'une consommation régulière, car elle grandit sans cesse et grandira d'année en année ; il faut prendre rang et grandir avec elle. Johannesburg voit sa population s'accroître de 400 âmes par semaine ; ville neuve, elle doit improviser chaque semaine ce qui est nécessaire à l'habitation et à la consommation de ses nouveaux hôtes. Comme tout est à faire, les chances d'avenir des nouveaux établis grandissent en raison de l'accroissement de la ville elle-même, et nous ne doutons pas que ceux de nos compatriotes qui vont y ouvrir des comptoirs avec des capitaux suffisants et l'appui de maisons de la métropole n'y rencontrent le succès.

Les droits de douane sont en général modérés : 7 1/2 pour 100 *ad valorem* sur le montant des factures augmenté de 20 pour 100 (sauf les vins, liqueurs et spiritueux).

Les marchandises sont, en outre, soumises à des frais nombreux : fret, assurance, transit et transport sur les voies ferrées. Or ces frais de transit et de transport sont assez élevés :

Par les ports de la colonie du Cap.	5 pour 100
Par les ports de la colonie de Natal	3 pour 100
Par les ports de Mozambique	3 pour 100

Les distances kilométriques sont, par voie ferrée :

De Capetown à Johannesburg.	1.013 miles.
De Port-Elizabeth à Johannesburg	713 —
De East-London à Johannesburg	665 —
De Durban à Johannesburg	433 —
De Delagoa-Bay à Johannesburg	373 miles (dont

113 miles seulement sur territoire portugais) (1).

En raison de ses origines diverses, la population de Johannesburg est moins que celle des autres villes inféodée aux mœurs et habitudes anglaises. Elle est aussi plus aisée ; la cherté de la vie a habitué les Johannesburgers à dépenser facilement, et c'est l'un des marchés le mieux disposé à apprécier et à payer nos produits qui sont par leur nature plus chers que ceux qu'Anglais et Allemands fabriquent *for the million*.

Il ne faudrait cependant pas tomber dans l'erreur de croire que les marchandises de très grand luxe y trouveraient un marché étendu. Bien qu'il y ait à Johannesburg un certain nombre de millionnaires, les occasions de déployer du faste sont peu fréquentes. Il n'y a de représentations théâtrales que dans les rares passages de troupes d'artistes, peu de bals, et les femmes de millionnaires font de fréquents voyages à Londres et à Paris. Johannesburg est, avant tout, une ville d'affaires, où les gains sont élevés, les dépenses faciles, en raison de la recherche d'un confortable qu'ambitionnent les nombreux individus qui gagnent assez d'argent pour désirer se l'offrir.

Il est nécessaire d'aborder ici le sujet de l'émigration au Transvaal des jeunes gens qui veulent aller chercher la fortune dans les affaires. Nous ne nous occuperons point ici des artisans qui désirent aller y exercer un métier manuel, mais des commis de banque et de commerce, etc

(1) Le mile anglais = $1609^{m},314$.

La première condition, absolument indispensable, est la connaissance et la pratique véritables de la langue anglaise, la seule qui soit parlée dans les affaires. Dans ce pays, où chacun est pressé, il n'entrera jamais dans l'idée d'aucun négociant, banquier ou directeur de mines, d'engager un employé qui parle imparfaitement la langue.

La seconde, c'est, autant que possible, d'être assuré d'avoir un emploi en arrivant ou un engagement avant de partir. Le nombre des jeunes gens anglais ou allemands en quête de places est considérable, et nous en avons rencontré, au cours de nos visites aux mines, qui venaient demander aux directeurs une situation quelconque, au besoin celle de mineur. Il ne faut pas compter même sur cette suprême ressource; les blancs engagés dans les mines doivent avoir des connaissances pratiques suffisantes pour en faire tout au moins des surveillants de travaux, les mœurs du pays ne permettant pas aux compagnies minières de mêler des blancs aux équipes de noirs qui, seules, travaillent à l'abatage et au travail de transport, triage et écrasement du *banket*.

Nous avons dit ci-dessus que le montant des importations au Transvaal s'est élevé, dans l'année 1895, à 161 millions.

70 pour 100 de ces marchandises ont été importées par voie de la colonie du Cap; 15 pour 100 par Natal; 8 pour 100 par Delagoa-Bay; 7 pour 100 ont été importées du *free state* d'Orange.

Mais un événement nouveau s'est produit en octobre 1895: le chemin de fer de Natal est venu se souder à Standerston à la ligne transvaalienne, et la colonie de Natal va disputer à sa sœur du Cap ce fructueux trafic.

La distance kilométrique, nous l'avons vu plus haut, est grandement en faveur de Natal — moitié moins — et, de plus, cette colonie, pour attirer ce trafic, ne prend que 3 pour 100 de droits de transit au lieu de 5 pour 100.

La différence du prix du fret de Londres à Capetown et de Londres à Durban n'est guère que de 5 à 10 shellings par tonne. Il y a certainement à penser que les statistiques de 1896 verront les chiffres ci-dessus se modifier. Natal, dernière venue au partage de ce gâteau : l'importation du Transvaal, et qui fonde sur l'exploitation de sa voie ferrée, qui appartient à la colonie, l'espoir d'un budget brillant, a longtemps accusé sa voisine du

Cap d'avoir mis tout en œuvre pour retarder le moment où la ligne transvaalienne rejoindrait celle de Durban.

Le port de Durban, toutefois, d'un accès impossible aux gros steamers, est un obstacle au développement complet du commerce de transit que rêve la colonie de Natal.

Si Delagoa-Bay avait un port outillé pour un gros trafic, il est probable que les chiffres de son importation au Transvaal auraient une tout autre importance que celle qu'établissent les chiffres cités plus haut. Nous reportons le lecteur aux observations que nous présentons plus loin au titre: Delagoa-Bay.

COLONIE DE NATAL

Quand nous avons quitté Pretoria et Johannesburg, le chemin de fer qui reliait les deux Etats n'était point encore inauguré. Force nous a été de refaire connaissance avec le coach américain que nous avons déjà pratiqué aux États-Unis qui, d'ailleurs, fournissent au Transvaal ces véhicules. Ce coach à six paires de mules, si souvent décrit, si pittoresque en sa forme archaïque, qu'on engage pour aller d'un point à un autre, qui ne se préoccupe ni des routes, ni des ponts, car ni les uns, ni les autres n'existent, et qui va droit devant lui enveloppé dans un tourbillon de poussière rougeâtre dans la saison sèche, embourbé jusqu'à l'essieu dans la saison des pluies, et traversant les *spruits*, l'eau jusqu'au poitrail de son attelage, sans se soucier si sa caisse devient une baignoire. C'était l'un de ses derniers voyages de Johannesburg à Standerston, les deux tronçons de chemin de fer commencés l'un de Durban, l'autre de Johannesburg, allaient se rejoindre, évitant à ceux qui nous suivraient les longueurs d'une locomotion bizarre qui, malgré la fatigue, laisse au voyageur européen, l'impression étrange de la nouveauté par son antiquité même.

La colonie de Natal est la plus belle terre de l'Afrique australe que nous ayons visitée. La civilisation y est neuve et brillante, dans un cadre verdoyant où la nature tropicale s'épanouit; elle tranche sur sa vieille sœur, la colonie du Cap, en ce que cette dernière porte les nombreux vestiges de civilisations différentes qui ont mis deux cents ans d'une marche lente à créer la colonie actuelle, tandis qu'à Natal, qui date de cinquante ans à peine, tout a été improvisé. Là, point de race métisse et bâtarde, produit de sangs divers qui n'étaient point faits pour se mélanger; mais des races pures qui tranchent nettement les unes sur les autres : Anglais d'Angleterre, noirs Zoulous (la plus belle des races cafres), Hindous des côtes de Malabar et de Coromandel, importés en grand nombre pour la culture de la canne; des villes charmantes bâties d'une pièce : Pietermaritzburg, Durban aux larges rues, aux squares élégants — dotées du premier coup des raffinements de la civilisation : lumière électrique, tramways, etc. — des campagnes accidentées et boisées où coulent de nombreuses rivières qui descendent des monts Drakensberg. La culture d'Europe et celle des tropiques se rencontrent dans la colonie. Le territoire de Natal, en effet, part du plateau austral africain pour descendre par gradins immenses et tourmentés jusqu'à l'Océan Indien qui borde ses côtes sur quatre degrés marins.

Au moment où nous écrivons cette courte description nécessaire pour faire comprendre au lecteur la nature du commerce de cette colonie, nous ne pouvons nous défendre d'un sentiment de douceur, au souvenir des impressions charmantes que nous ont produites, comme à tous les voyageurs venant de l'Ouest, l'aspect de cette nature si différente de l'austérité du plateau africain, et, dans le séjour de ses villes, le charme des mœurs d'une population moins enfiévrée chez les blancs, d'une gaieté enfantine chez les braves Zoulous, et de la serviabilité humble chez les Hindous. La beauté de la terre et du ciel, la douceur du climat, ont eu raison de la froideur de l'humanité anglaise, et les colons de Natal qui en sont déjà à la deuxième génération, nous donnent les plus heureux spécimens des *Afrikanders*.

La population de la colonie de Natal est de 42 000 blancs, 43 000 Indiens, 479 000 Zoulous; en tout : 555 000.

Étendue : 20 000 miles carrés.

4 banques : Natal bank, — Standard bank, — Bank of Africa, — The african bank corporation.

Minéraux : charbon, marbre; or, dans le Zululand.

Produits : céréales dans le haut pays; mais dans les basses terres, sucre, thé. — Laines : £ 600 000.

500 navires ont passé à Port-Natal en 1893.

Comme pour la colonie du Cap, l'exportation se fait uniquement par maisons et navires anglais.

Natal exporte au Transvaal des céréales, du maïs, et aussitôt que le chemin de fer arrivera à Johannesburg, les houillères de Natal, qui produisent un bon charbon, espèrent parvenir à prendre leur part dans la consommation de ce marché (1).

Les importations se composent de thé et de café, dont la culture à Natal n'a pas encore donné de résultats satisfaisants.

Le sucre est fourni par la colonie qui a frappé d'un droit de 3 et demi pour 100 le sucre de Maurice, afin de protéger sa propre production.

Quant aux articles européens nécessaires à la consommation des 42 000 blancs qui habitent Natal, l'Angleterre y pourvoit presque entièrement. La France n'y figure officiellement que pour environ £ 3 000; il faut toutefois se reporter à ce que nous avons dit sur l'importation au Cap. Beaucoup de marchandises françaises venant sous pavillon anglais figurent dans les statistiques comme articles anglais. Notre consul, M. Dausseing, nous a signalé qu'une maison de Durban fait une assez large importation de vins et liqueurs français, il pense qu'il conviendrait que nos nationaux vinssent établir ici des comptoirs; notre commerce y prendrait de l'extension. Nous avons le regret d'émettre l'opinion que la population est encore trop faible pour justifier un développement d'affaires en articles français en rapport avec les frais d'une telle entreprise.

Une des branches importantes du commerce de la colonie est la vente des articles pour les indigènes et les Cafres du Zululand rattachés à la colonie. Ici encore les observations que nous avons présentées à l'article « Capetown », peuvent se répéter. Les difficultés de produire des marchandises au prix de celles importées par les Anglais, les Belges et les Allemands. Le commerce avec les noirs est entièrement entre les mains des Hindous qui tiennent boutique et colportent; les prix

(1) Ce chemin de fer a coûté très cher, bien qu'il soit à une seule voie et que les ouvrages d'art aient été évités autant que possible. On en aura une idée quand on saura qu'entre Durban et Charlestown (frontière du Transvaal) il n'y a qu'une différence de niveau de 5 386 pieds; mais pour y parvenir, la ligne a dû passer sur le col des montagnes, à une hauteur de 13.350 pieds; la colonie n'a reculé devant aucun sacrifice pour se lier au moyen de la voie ferrée avec le Transvaal, ce client si recherché par tous.

sont discutés à un farthing près. M. le Consul appelle de ses vœux les efforts des fabricants français d'étoffes, de couvertures et de quincaillerie commune. Déjà il a pu envoyer à la Chambre de Commerce de Lille des spécimens de certains articles de grande vente à bon marché. Il est à la disposition de ceux de nos compatriotes qui voudront mettre ses bons offices à contribution; mais, malheureusement, les conditions économiques de notre pays, qui sont le principal obstacle à une production en rapport avec les besoins de ces peuples primitifs, échappent à son contrôle.

Lourenço-Marquez (*Delagoa-Bay, province de Moçambique*).

Une fois par mois, la Castle Line fait un service de Durban (Port-Natal) à Delagoa-Bay, Madagascar, Fort-Dauphin, Mananzari, Vatomandry, Tamatave et, de là, se rend à Maurice.

Le *Doune Castle* nous a conduit à Delagoa-Bay; sur la rive Nord, s'étend la ville de Lourenço-Marquez, capitale de cette province et résidence du Gouverneur.

Il a été parlé récemment beaucoup de Delagoa-Bay, à l'occasion des événements du Transvaal. Cette magnifique baie mérite, en vérité, l'attention du monde. Alors que tous les ports de l'Afrique australe et de Madagascar sont d'un accès difficile et défendus par des barres, seul, le port de Lourenço-Marquez peut offrir un abri sûr par de grands fonds à tous les navires du monde. Quelques travaux sur la rive droite suffiraient à en faire un port de commerce de premier ordre, avec une extension de quais, de docks, de cales aussi considérable qu'à Anvers ou Liverpool.

Telle qu'elle s'offre aux navigateurs, la baie est tellement facile que, sans feux (il n'y a pas de phares), sans bouées, les navires de 6000 tonnes entrent et viennent y mouiller sans risque par tous les temps. La ville de Lourenço-Marquez s'étend sur une plage de sable bordée par un immense marécage. C'est une ville en voie d'agrandissement rapide; elle a prévu ses destinées et prolongé dans la plaine les lignes de ses avenues, en prévision de l'avenir. Ce sont des lignes encore blanches où l'histoire de cette ville viendra s'écrire.

La ville, qui existe déjà, est jolie et animée. Les terrains y prennent une valeur rapide ; le développement du commerce au Transvaal dont elle est la plus proche voisine lui ouvre ses vrais horizons, et elle est appelée par la nature à devenir un jour le port véritable du Transvaal.

Le chemin de fer de Lourenço-Marquez à Pretoria n'a, en effet, que 563 kilomètres et la frontière du Transvaal se trouve à 180 kilomètres seulement de la côte. La République Sud-Africaine tient à conserver de bonnes relations avec tous ses voisins, mais les récents événements ne peuvent que lui faire tourner les yeux vers le rivage portugais.

Delagoa-Bay, contestée par les Anglais et les Portugais, n'est que depuis vingt ans décidément portugaise par décision du maréchal Mac-Mahon, choisi comme arbitre par les deux nations.

Les possessions portugaises de Mozambique sont considérables puisqu'elles comprennent :

Le district de la baie de Delagoa, le Gazaland portugais que traverse le Limpopo, le Manicaland et la vallée de la rivière Pungwe, la rive du Zambèze depuis Zumbo jusqu'à la mer.

Premiers traficants sur la terre orientale d'Afrique, les Portugais ont été assez heureux pour s'emparer de la plupart des ports fréquentés de tout temps par les navigateurs arabes.

Le gouvernement portugais a accordé sur le territoire au Nord de Lourenço-Marquez des droits à deux compagnies à charte : la Compagnie du Zambèze et la Compagnie du Mozambique. C'est dans le territoire de la Compagnie du Mozambique que se construit le chemin de fer de Beira à Fort-Salisbury (territoire de la Chartered), et c'est là que se porte plutôt l'émigration.

Ces ports de la côte portugaise sont desservis mensuellement par les bateaux de la ligne Oste-Africanische-Deutsche Line. Le climat est chaud et malsain.

Malgré l'ancienneté de la domination portugaise sur ces rivages, les possessions portugaises de l'Est-Africain laissent un déficit budgétaire.

Les droits de douane sont assez élevés et une large protection existe pour les produits de la mère-patrie. On trouvera à la suite de notre rapport des états de tarifs de transports et de douane que nous devons à la bienveillance de M. le Consul de France à Lourenço-Marquez. Ce poste consulaire n'a été créé qu'en

1895; le Gouvernement, à notre avis, a été sagement inspiré en l'établissant.

Nous sommes personnellement convaincu de l'avenir brillant de cette partie de la colonie; c'est la plus neuve et celle qui promet le plus. Pendant le court séjour que nous avons fait à Lourenço-Marquez, nous avons eu de longs entretiens avec M. le Consul qui nous a présenté aux principaux négociants, parmi lesquels deux des plus anciennes maisons de commerce sont françaises : les maisons Mante, Borelli et Régis, de Marseille. Nous avons longuement conversé avec ces messieurs et visité leurs entrepôts. Dès le lendemain de notre arrivée, nous avions l'honneur d'être présenté à S. E. le Gouverneur par M. le Consul français et la satisfaction de recueillir de la bouche de Son Excellence la confirmation des déclarations qui nous avaient été faites par tous.

Son Excellence, qui parle français aussi bien que l'écrivain de ces lignes, appelle de ses vœux le moment où l'installation du port de Delagoa-Bay permettra le développement naturel du commerce de Lourenço-Marquez. — « Vous pouvez le déclarer hautement, nous a-t-il dit, chaque fois que le coup de canon m'annonce l'arrivée d'un nouveau navire dans la baie, le sentiment qui s'élève en moi est un sentiment de colère. » En effet, quiconque a vu la misérable installation de ce port, qu'un chargement de cinq cents tonnes de sapin de Norvège suffit à encombrer, comprend ce que doit souffrir le chef de cette province. Il sent qu'un magnifique trafic lui échappe, que cette baie merveilleuse devrait être couverte de navires battant tous les pavillons, que la moisson d'or du Rand devrait être en partie glanée par le Mozambique, qu'il a autour de lui des négociants actifs prêts à seconder l'essor de la ville, des consuls empressés à l'intérêt de leurs nationaux, une position admirable et unique au monde et que, faute de capitaux locaux ou de capitalistes étrangers, toutes ces circonstances heureuses que la nature lui a faites sont neutralisées par une question d'argent.

Cette question d'argent a déjà joué un rôle néfaste dans le passé. Quand la Compagnie néerlandaise transvaalienne a conduit sa ligne ferrée jusqu'à la frontière du Mozambique, elle s'est soudée à la voie construite pour la colonie du Mozambique par des capitalistes américains. Un procès entre le gouvernement portugais et les constructeurs est encore pendant devant le tribunal arbitral de Berne et, malheureusement, aussi longtemps que la solution de ce litige sera *sub judice*, le projet de port commercial de Lourenço-Marquez, qui se lie étroitement avec la question de gares et de quais, doit forcément rester en l'état.

La décision du tribunal arbitral ne saurait d'ailleurs se faire longtemps attendre.

Dans l'état des finances du Portugal et de la Compagnie du Mozambique, le gouvernement ne peut penser à créer les établissements nécessaires : phares, quais, docks, cales, etc. La ville elle-même, ville naissante, ne peut y songer davantage. Une compagnie étrangère, qui trouverait certainement un appoint de son capital au Transvaal et à Lourenço-Marquez même, rencontrerait chez Son Excellence le Gouverneur un bon vouloir certain. Nous appelons de nos vœux, avec M. le Consul de Lourenço-Marquez, l'examen de cette question par des capitalistes français. Dans l'état des esprits au Transvaal et dans l'Est-Africain portugais, une société française serait accueillie avec la plus grande faveur. Delagoa-Bay est, en effet, le port naturel du Transvaal dont il n'est éloigné que de cent milles environ. Le long trajet par terre avant d'arriver aux ports anglais ainsi évité, le désir de la République Sud-Africaine, entourée de territoires anglais, de se donner de l'air, la différence des frais de transport sur l'énorme importation de marchandises et de matériaux nécessaires, pendant tant d'années encore, au développement matériel de la République, et l'ouverture d'une route maritime nouvelle, aussi courte et plus agréable que celle du Cap à Londres, tout concourt à favoriser la création du port commercial de Lourenço-Marquez. Si l'on considère qu'à l'heure actuelle, les frais de débarquement à quai des marchandises sous palans ne sont pas moindres de 7/6 par tonne, et si l'on pense à l'accroissement du trafic ainsi favorisé, l'entreprise paraît *a priori* devoir être avantageuse pour ses promoteurs. Le gouvernement serait disposé, semble-t-il, à concéder à la compagnie de grands espaces de terrains à conquérir sur les bas-fonds qui bordent la baie du côté de la ville, bas-fonds de corail qui semblent disposés par la nature pour recevoir les murs des quais. Sans sortir de la réserve qui nous est imposée par la nature des conversations que nous avons eu l'occasion d'avoir à Pretoria avec des fonctionnaires du gouvernement transvaalien, il nous est permis de déclarer qu'il verrait avec plaisir la création d'un service postal international avec notre pays, au prix même de certains sacrifices. Tout en cherchant à conserver les meilleurs rapports avec ses puissants voisins, le gouvernement de Pretoria ne peut que voir d'un œil favorable le développement de ses relations avec l'Europe continentale par la Méditerranée.

Ainsi que nous l'avons dit plus haut, le commerce français est depuis longtemps représenté au Mozambique par des maisons de Marseille qui ont d'ailleurs des comptoirs sur différents points de la côte d'Afrique. De leurs propres déclarations, il résulte que, malheureusement, ce commerce n'augmente pas et semble même combattu par la concurrence des Anglais et des Allemands qui ont des lignes régulières visitant le port de Delagoa-Bay et tous ceux au nord et au sud de la côte. Le nombre des Européens et des blancs est peu considérable et le commerce avec les noirs, comme celui de Natal, est presque entièrement entre les mains des Hindous qui tiennent le rôle d'intermédiaires. Là encore la même remarque est à faire ; en dehors du commerce des liquides où nos marques françaises tiennent largement leur place, le commerce des autres articles est limité. Il sera bon que M. le Consul, dont nous connaissons la bonne volonté et l'activité, fasse, dans son prochain rapport, la nomenclature des objets de grande consommation et, au besoin, nous en envoie les échantillons. Il doit y avoir là un sujet d'études pour les fabricants de ferronnerie, d'articles en fonte, de couvertures, etc. Les magasins des maisons anglaises ressemblent à de véritables bazars. Il est à souhaiter que les négociants français qui vont fonder des comptoirs à Johannesburg étudient les conditions du marché du Mozambique, si voisin du Transvaal. Ils y pourraient sans doute trouver les éléments de succursales.

En dehors de la gratitude que nous devons à Son Excellence le Gouverneur et à M. le Consul pour l'obligeance dévouée qu'ils ont mise à nous aider dans notre mission, nous devons un souvenir de reconnaissance aux directeurs des maisons Borelli et Régis, et à un négociant alsacien resté Français, résidant à Lourenço-Marquez depuis de longues années, M. Wach, qui a rempli, avant la création du poste consulaire à Lourenço-Marquez, les fonctions d'agent consulaire pendant longtemps à la satisfaction de tous, et sans avoir encore reçu d'autre récompense que l'estime publique qui le désigne à la bienveillance du gouvernement français.

MAURICE ET BOURBON.

On pourrait s'étonner que ces deux îles si connues, ayant des communications si fréquentes avec l'Europe figurent dans cette étude. Leurs conditions économiques sont, en effet, si connues (elles ont été, depuis ces dernières années, l'objet de la sollicitude de leurs métropoles, à la suite des malheurs qui les ont frappées : Maurice, par l'ouragan et l'incendie de 1892, qui a fait plus de 3000 victimes ; la Réunion, par la crise intense qui l'a tellement appauvrie) qu'il semble qu'il n'y ait plus rien de nouveau à en dire.

Le contraste entre ces deux îles, îles sœurs, est cependant si grand que la réflexion qu'il amène au point de vue de la colonisation de Madagascar, nous paraissait devoir trouver place ici.

Placées dans les mêmes conditions géographiques, ayant la même origine comme population, langue et religion, elles sont aujourd'hui aussi différentes, après quatre-vingts ans de séparation, que si l'une était dans l'Océan Indien et l'autre dans l'Atlantique.

Bourbon, beaucoup plus grande que Maurice, compte aujourd'hui 125 000 habitants, Maurice, 375 000.

La différence de ces deux chiffres n'est-elle pas saisissante ?

La domination anglaise à Maurice a respecté la langue, les lois, les coutumes et la religion des colons ; si l'on ne plaide qu'en anglais, les deux langues ont les mêmes droits au conseil du gouvernement. En fait, le peuple est resté français, et de même qu'aux Seychelles, on a peine à se rendre compte qu'on est sur territoire devenu anglais.

Mais l'influence anglaise a porté de tels fruits, qu'aujourd'hui la population créole de Maurice se trouve noyée dans le flot des Asiatiques importés par l'Angleterre. Les noirs et les métis nègres, ouvriers paresseux, disparaissent peu à peu, chassés des cultures de cannes (car Maurice n'est plus qu'une immense plaine de cannes à sucre) par les Malabars. Ces coolies hindous sobres, laborieux, trouvaient à Maurice le ciel de l'Inde, et, si modestes qu'elles soient, des conditions d'existence bien moins pénibles que dans leur pays, où la multitude des êtres humains crée à tous une vie de famine ; ils s'y sont appelés, s'y sont multipliés, accaparant tout : travaux des champs, grand et petit commerce, culture maraîchère, avilissant tous les prix, rendant la concurrence impossible aux créoles et transformant en une province hindoue cette île de Maurice qui compte 250 000 de ces Hindous, dont 150 000 y sont nés.

Cette île, qui n'a qu'une longueur de 60 kilomètres, sur une largeur de 45 kilomètres, où les forêts étaient étendues, s'est vue dénudée par la culture du sucre, et, dans cette immense plaine de cannes, sur les routes, dans les champs, dans les échoppes des villages, dans les magasins des villes, partout l'Hindou, sa femme et sa famille. Déjà la terre commence à lui appartenir ; ce n'est qu'une question de temps, elle lui appartiendra tout à fait. L'importation du riz qui se fait sur une énorme échelle ne passe que par des mains hindoues. Entre l'Hindou et le Chinois, dont le nombre grossit chaque jour, le créole Mauricien est condamné. Déjà l'émigration des créoles en Natal, au Transvaal, à Madagascar, prend un courant de jour en jour plus fort. L'Angleterre s'est autrefois opposée à l'émigration des coolies de l'Inde qui auraient vivifié Bourbon (1) ; elle ne pourra s'opposer à l'infiltration de ces mêmes Hindous de Maurice à Madagascar, car ceux-là sont libres de leurs actions (2). Eux aussi suivront le courant d'émigration qui se dirige sur Madagascar. Ils y doivent être accueillis. A Maurice, petite île, où ils sont les seuls immigrants, ils sont une plaie. A Madagascar, qui est grande comme un continent, la terre ne demande que des bras, et cette race humble et laborieuse, race de fourmis humaines, peut féconder le sol malgache qui n'attend que la culture. Comme à Natal, qui a reçu des émigrants de toutes les nations, ils ne seraient d'ailleurs qu'un appoint. Il suffira de pré-

(1) L'Angleterre semble d'ailleurs disposée aujourd'hui à permettre les engagements de coolies hindous pour les colonies françaises.

(2) En effet le coolie hindou importé, après l'expiration de son contrat d'engagement, retourne rarement dans son pays d'origine. Il est devenu libre de s'établir où il veut.

voir dans la législation, comme on l'a fait au Transvaal et au Natal, la limite des droits des Asiatiques et des hommes de couleur.

Pas de Chinois, pas d'Hindous! s'écrient les partisans de la colonisation purement française à Madagascar.

Pourquoi ne disent-ils pas aussi : pour la culture, pas d'autres émigrants que des membres de la Société d'Agriculture de France? Et pour le commerce, rien que des négociants et des industriels et banquiers patentés de la première classe?

Il faut regarder en face les faits :

Madagascar est plus grande que la France. Tout y est à faire. Rien ne peut y être fait facilement par des Européens.

L'étendue de nos colonies est immense; cependant notre population stationnaire et notre organisation sociale qui permet en France à chacun de tout espérer; la division de la propriété, dont notre code civil fait d'ailleurs la part à chacun, empêchent le sentiment de l'émigration de se développer chez nous. Il faut avoir le courage de le dire : le plus grand moteur de l'émigration, c'est la misère. L'homme qui n'a que sa personne pour capital, qui sait que l'état social de son pays lui défend même les « longs espoirs », qu'il est condamné à la fatigue à perpétuité, rêve, seul, des pays lointains où la fortune puisse lui sourire. En France, pays de démocratie où le sentiment de solidarité humaine, si honorable et si généreux d'ailleurs, inspire les lois qui se préparent sur les accidents, sur les retraites ouvrières, etc., le désir de l'émigration ne saurait se développer comme notre domaine colonial l'exigerait.

Est-il nécessaire de rappeler le passé? Pourquoi l'avenir serait-il différent?

MADAGASCAR

De Maurice à Delagoa-Bay, les steamers auxiliaires de la Castle Line font un service mensuel sur les ports de la côte Est de Madagascar, Fort-Dauphin, Mananzari, Vatomandry.

Ces ports, sauf Fort-Dauphin, sont dans l'état où la nature les a créés, c'est-à-dire d'un accès impossible aux gros et même aux moyens navires; une barre infranchissable pendant les gros temps, et toujours difficile en temps maniable, oblige à des transbordements sur des bateaux pontés manœuvrés par seize à vingt rameurs malgaches.

Les agents de la Compagnie ont soin de réunir le fret d'avance et, au signal donné par le navire, qui mouille à deux ou trois miles au large, envoient leurs allèges apporter leur fret : peaux, caoutchouc, poudre d'or, et prendre le fret d'importation : étoffes, liqueurs, tissus, etc. C'est un commerce des plus primitifs et quand le voyageur, risquant les lames courtes et écumeuses de la barre, arrive à terre et débarque, trempé, sur les épaules des Malgaches, il éprouve une sensation absolument nouvelle : nature du sol, végétation, cases, population, tout porte le cachet d'une civilisation primitive qui n'a pas varié depuis des siècles. Cette impression est partout la même, sur la côte à Fort-Dauphin, où le vieux fort, qui a porté le drapeau blanc aux fleurs de lys, témoigne par ses ruines d'un abandon de deux siècles; à Mananzari, où les bords de la rivière recèlent dans leurs bambous des crocodiles à cent pas des magasins des traitants (1), etc.

Il ne faut faire exception que pour Tamatave et Majunga, dont les baies, largement ouvertes, laissent pénétrer les navires plus près de la côte, encore bien que les débarquements sur allèges n'y soient pas possibles par tous les temps. Ces deux villes, en raison des occupations françaises, ont pris une certaine extension, mais tout y a encore un caractère provisoire. Le commerce y a surtout été influencé par les expéditions militaires et les spéculations que ces expéditions engendrent. Nous n'avons nullement l'intention de faire l'analyse de ce commerce spécial ; nous avons rapidement fait le tour des côtes de l'île, et nous parlerons seulement du commerce de Madagascar, tel qu'il était pratiqué depuis de longues années, et tel qu'il l'est encore sur les points où le débarquement des troupes n'en a pas changé le caractère.

Les traitants sont en général des créoles de Bourbon et de Maurice, quelques Anglais et Américains.

Les principaux articles d'importation sont les étoffes à Lamba, les cotonnades de diverses sortes, le rhum qui forme le stock principal de chacun de ces négociants, les objets de ferronnerie, particulièrement les marmites en fonte à trois pieds (Il paraît

(1) Quand nous avons passé à Mananzari, la ville se relevait à peine du pillage et de l'incendie auxquels s'étaient livrés les Malgaches, en représailles des spoliations des Hovas.

qu'autrefois la France avait une grande vente de cet article, qui lui a été enlevée par les Anglais de Wolverhampton). On prétend — est-ce une légende? — que l'adjonction de ces trois pieds que les fabricants français se sont refusés à faire, a chassé nos marmites de ce marché.

Ces traitants achètent aux natifs : 1° le caoutchouc qu'ils vont récolter dans les forêts, en sacrifiant négligemment la plante ; 2° les peaux qui vont presque toutes en Amérique ; 3° la poudre d'or que les natifs recueillent dans les lits des rivières.

Les affaires s'y font avec l'indolence des créoles et la vie qu'ils mènent dans ces ports secondaires est spéciale à ces résidences ; les conventions sociales européennes y sont oubliées.

Quelques petites goélettes font le cabotage entre ces petits ports et Tamatave, et les steamers de la Castle Line, en venant une fois par mois visiter ces coins perdus, nous donnent un exemple frappant de l'activité commerciale de nos voisins. C'est d'ailleurs une navigation qui leur donne plus de risques que de profits, cette navigation étant périlleuse sur ces côtes dont l'hydrographie n'est pas même connue à l'heure qu'il est. A Vatomandry, il nous a été impossible de jeter l'ancre, vu l'état de la mer qui a enlevé une aile à notre hélice, et du pont du navire, nous avons pu voir la place où le *Conway Castle,* paquebot de la Castle Line, s'est perdu il y a deux ans.

A Tamatave, le *Doune Castle* n'ayant pu recevoir l'assurance de remporter une patente nette, a refusé de nous débarquer. Il nous a fallu rester à bord jusqu'à Maurice et, après un séjour de huit jours dans l'île, nous avons pu reprendre l'*Ava*, paquebot des Messageries, revenir avec lui à Tamatave visiter la ville et rembarquer pour Majunga.

Nous n'avons donc fait qu'une rapide visite des côtes de l'île, mais les premières impressions sont les plus vives. Tout est à faire à Madagascar.

On doit à la fréquentation constante des créoles de Maurice et de Bourbon avec Madagascar, une circonstance des plus heureuses pour notre domination. La langue française est de toutes les langues européennes celle qui y a droit de cité : Anglais, Américains, l'adoptent dès leur établissement ; les Hindous eux-mêmes qui, comme à Natal, au Mozambique s'y sont infiltrés, et qui y font le petit commerce et les Malgaches, dans leurs transactions avec les traitants, n'en emploient pas d'autres.

Au moment où nous étions à Madagascar, les affaires étaient presque arrêtées. A Tamatave et à Majunga, les négociants attendaient le règlement définitif des conditions économiques du régime nouveau. Il dépend du gouvernement métropolitain de faire que cette énorme possession prenne vie. L'annexion pure et simple n'ayant point été décidée, elle se trouve rattachée à la métropole par une sorte de protectorat. Cette circonstance permet d'appliquer à Madagascar des lois différentes de celles de la mère-patrie. On comprendrait mal que les lois sur les mines de 1811 et celle sur les sociétés anonymes de 1867 et 1893, faites pour notre état social en France, fussent appliquées sur cette terre où nous avons besoin d'appeler une population énergique que nous ne pouvons espérer voir venir de nos foyers. Madagascar attire l'attention de beaucoup d'étrangers; sa seule réputation de fournir de la poudre d'or exalte l'imagination des prospecteurs du Transvaal. Que des lois analogues à celles du Transvaal leur permettent l'espoir d'une rapide fortune et ils auront promptement franchi le canal de Mozambique. Madagascar sera prospectée comme elle ne l'a jamais été; il est souhaitable que des quartz aurifères payants y soient découverts. Les pays d'or sont rapidement colonisés. L'histoire nous l'apprend comme elle nous apprend aussi que les lois restrictives, les réglementations excessives arrêtent l'essor des colonies nouvelles. Il n'y a guère à compter sur les populations malgaches diverses; les Hovas seuls, au dire des Européens qui ont résidé en Emerina, sont susceptibles de travail et d'ingéniosité; l'afflux des étrangers de tous les pays mettra en œuvre leurs qualités. Français, Anglais, Allemands, créoles, Hindous (ces derniers, les meilleurs cultivateurs du monde) auront bientôt transformé les meilleures parties de l'île. Le voisinage de Delagoa-Bay promet dans l'avenir l'écoulement facile des produits agricoles sur le Transvaal et la France prendra dans l'Océan Indien une place qu'elle n'a plus connu depuis la cession à l'Angleterre de Maurice et des Seychelles (1).

(1) Nos vœux sont qu'un jour les bateaux de la Compagnie des Messageries, qui ont les plus beaux services dans l'Océan Indien, fassent courir de puissants steamers de France à Delagoa-Bay par Majunga et le canal de Mozambique.

Quand le *Doune Castle* remontait la côte de Madagascar depuis le cap Sainte-Marie jusqu'à Tamatave, le spectacle était uniforme : une zone basse avec un arrière-plan montagneux. Le capitaine Harris, qui fréquente ces parages depuis de longues années, prétendait qu'un système de lagunes naturelles et de canaux artificiels creusés, il y a quelque cent ans, permettait l'établissement d'une route navigable aux chalands tout le long de la côte. Étant donné le caractère montagneux de l'île qui ne permettra qu'à grands frais la construction de chemins de fer, cette assertion paraît mériter l'examen. Quant à la construction du chemin de fer projeté entre Tamatave et Majunga par Antananarivo, nos ingénieurs pourraient utilement étudier la ligne de Pieter-Maritzburg à Standerston, et celle de Lydenburg à Lourenço-Marquez, qui traversent des parties montagneuses analogues aux massifs de Madagascar.

Nous avons pensé que nos études devaient comprendre l'ensemble du territoire de l'Afrique du Sud. Il est apparent, en effet, à l'observateur, que les colonies du Cap, de Natal, l'État libre d'Orange, le Transvaal et les territoires de la Chartered, forment un groupe dont les conditions économiques sont intimement liées, dont les rapports déjà continuels deviendront de plus en plus intenses.

En quittant Majunga où le pavillon français flottait partout à terre et sur les navires en rade, nous avons ressenti cette poignante émotion qui vient de remuer Marseille à l'arrivée du *Yang-Tse*.

L'histoire de Madagascar commence.

Pendant les longs jours de mer et de contemplation qui prêtent tant au recueillement et peut-être au rêve, nous avons vu passer dans notre mémoire, comme en un kaléidoscope, les divers pays que nous venions de visiter, leurs terres, leur soleil, leurs peuples, leurs mœurs, leurs aspirations, leurs luttes, leurs grandeurs et leurs faiblesses, et peu à peu une sorte d'harmonie se dégageait de nos pensées.

Un nouveau monde, une civilisation sont en train de se former dans le continent austral africain. De même que la civilisation américaine est déjà différente de celle de la vieille Europe, de même que les cinq colonies australiennes jointes à la Tasmanie, à la Nouvelle-Zélande et aux Fidji, tendent à former une Australasie, de même dans l'Afrique au-dessous de Zambèze, peuplée de blancs descendants de Hollandais, de Français, d'Allemands, sans cesse augmentant par le flot des nouveaux arrivants qui s'y fixent et y font souche, se prépare une confédération dont l'état social sera aussi différent du nôtre, que la nature australe l'est de notre continent. Les choses marchent vite aujourd'hui, et ceux de nos contemporains qui sont encore des enfants, verront sans doute, avant leur vieillesse, l'épanouissement de la puissance des *Afrikanders*.

Les îles de l'Océan Indien, Maurice, Bourbon, verront leurs destins influencés par ceux de l'Afrique du Sud. Madagascar, devenue terre française, y doit trouver les causes de sa fortune future si nous savons profiter de l'enseignement des faits, l'ouvrir toute grande aux éléments fécondants qu'apportent avec eux les émigrants de tous les pays, suivant l'exemple que nous ont donné la Californie, l'Australie, l'Afrique du Sud, elle-même, y établir le régime des lois simples, qui convient aux civilisations dans l'enfance, libérales comme il le faut pour attirer les bonnes volontés et même les ambitions. Quelques succès parmi les premiers arrivants peuvent et doivent déterminer un courant d'émigration des plus industrieuses nations du monde, dont la population cesse d'être en rapport avec les facultés de production.

La France, qui a conquis l'île, ne peut espérer la peupler; mais à l'ombre du drapeau français, grâce à l'application de lois bienveillantes, se créera un peuple colonial qui, oubliant peu à peu ses origines et modifié par les conditions de l'habitat, fera, au bout de deux ou trois générations, une colonie puissante et riche, digne de la France qui lui aura donné la vie de la civilisation.

Nourrir de telles espérances, croire à l'avenir de Madagascar, n'est pas la moins noble façon d'honorer la mémoire des soldats qui sont morts sur cette terre pour la donner à la France qui, désormais, doit s'efforcer d'en faire l'un des éléments de sa puissance et de sa grandeur.

LES MINES D'OR DU TRANSVAAL[1]

Le Transvaal, dont la fortune est si brillante et si neuve que son histoire semble une fable, est un immense plateau aride, desséché, sans autre végétation qu'une herbe, verte pendant la saison des pluies et brûlée par le soleil le reste du temps et dont l'altitude moyenne est de près de 6000 pieds au-dessus du niveau de la mer.

La nature s'y est montrée si avare à la surface, qu'on a dû créer de toutes pièces une civilisation artificielle pour subvenir aux besoins des travailleurs qui exploitent les richesses souterraines.

C'est sur ce plateau, au milieu du désert, lieu de pâture des maigres troupeaux des Boers il y a dix ans encore, que se trouvent ces champs d'or, qui ont tant passionné l'Europe ces dernières années.

Les découvertes d'anciennes exploitations phéniciennes dans la vallée de la rivière Sabi font remonter à la plus haute antiquité la connaissance des gisements aurifères de l'Afrique du Sud. Pendant le seizième siècle de notre ère, des Portugais reprirent les anciennes exploitations pour les abandonner bientôt.

Enfin, en 1869, M. E. Button avait reconnu la présence de filons aurifères à Marabastad. Ce territoire fut de nouveau exploré par divers « prospecteurs » en 1872, où l'on découvrit

(1) Ce travail a été rédigé par M. L. Sauvier, secrétaire de la mission, d'après les notes recueillies par ses membres.

des pépites de grande dimension et l'année suivante fut inaugurée la première exploitation sérieuse sur les dépôts d'alluvions de Spitzkop, Waterfall, etc.

En 1875, on trouve de l'or dans la vallée du Kaap, et, en 1883, les actions de diverses mines du district de Lydenburg sont émises à Londres.

Passant sous silence d'autres découvertes de moindre importance, nous arrivons en 1886 où fut ouverte la mine de Sheba, qui, d'abord peu prospère, vit à la fin de l'année ses actions de £ 1 atteindre le cours de £ 100. A ce moment, survint un *boom*, c'est-à-dire une hausse, qui porta à 2 ou 300 fois leur valeur les actions des mines du district de Barberton, encore inexploitées et dont l'insuccès causa bien des ruines.

Le Witwatersrand avait été découvert en 1854 sur les collines du « White waters Range », mais on n'y attacha d'abord aucune importance, probablement à cause de la nature spéciale du minerai, le conglomérat, qu'on trouvait pour la première fois et où l'or n'est pas visible. Ce n'est que trente ans plus tard, en 1884, qu'un mineur du nom d'Arnold trouvait de l'or sur les terres du fermier Geldenhuis. Les frères Struben achetèrent la propriété en 1885 et montèrent une petite batterie de pilons pour broyer le minerai et extraire l'or par l'amalgamation. Les résultats furent tels que, le 18 juillet 1886, le gouvernement boer proclama champ d'or public (*public diggings*), les terrains environnants qui étaient les fermes de Langlaagte, Driefontein, Vogelstruisfontein, Roodeport, Bandjeslaagte, Doomfontein, Paardeplaats, Turffontein et Elandsfontein, dont plusieurs ont donné leur nom aux Compagnies minières qui s'y sont établies.

A ce moment, la formation de la Compagnie De Beers, en accaparant les mines de diamant et en ne donnant le droit d'achat des pierres extraites qu'à certains syndicataires, laissait sans emploi et même ruinait bon nombre de gens qui avaient jusque-là vécu du commerce des diamants et qui, se portant aussitôt sur le nouvel Eldorado, activèrent le mouvement, déjà considérable, qui poussait tous les aventuriers du monde vers les champs d'or de la République Sud-Africaine.

Depuis ce temps, le nombre des arrivants croissant toujours, l'exploitation s'est développée dans des proportions considérables.

Voyons maintenant comment s'acquiert la propriété minière et les obligations auxquelles elle donne lieu.

D'après la loi du Transvaal (loi de 1885 avec modifications successives), le propriétaire du sol n'a pas de droits sur le sous-sol qui appartient à l'État.

Le territoire de la République est divisé en districts, partagés eux-mêmes en fermes, généralement d'une étendue considérable. Au début, on traitait à l'amiable avec l'État, qui accordait ou non les concessions à des conditions qu'on débattait.

Depuis 1886 on a, sous certaines conditions (voir la *Loi de l'or*), le droit de « prospecter », c'est-à-dire de faire des recherches sur le terrain d'autrui et de *pegger* ou marquer les *claims* au moyen de jalons. Quand la présence de l'or a été reconnue, on fait proclamer la propriété champ d'or public (*public diggings*), et on peut alors y obtenir des concessions. On fait constater par les magistrats les droits que l'on a sur les *claims* ou *pegges*, et ce dernier délivre alors des titres de propriété incontestables sur le sous-sol.

Le propriétaire délègue sa propriété au gouvernement; il ne garde que les habitations et 10 pour 100 du terrain; ces 10 pour 100 ne pouvant dépasser la valeur de 10 *claims*, qu'il peut choisir à son gré avant la proclamation de la ferme comme *public diggings*. Cette réserve du propriétaire constitue le *mynpacht*, qu'il revend généralement à la Compagnie qui s'établit.

Les *claims* sont de trois catégories différentes, et chaque catégorie comporte des dimensions différentes :

1° Le claim d'alluvion (*alluvial claim*) est de 150 × 150 pieds;

2° Le claim de pierres précieuses est de 30 × 30 pieds;

3° Le claim des filons est de 150 × 400 pieds.

A partir du moment où la propriété minière a été concédée, le bénéficiaire doit payer à l'État une redevance de 5 shellings par claim et par mois, dont la moitié est versée au propriétaire du sol. Mais dès que le travail commence il est porté à £ 1.

La propriété du sous-sol tombe en désuétude du jour où le droit fiscal n'est plus acquitté. La déchéance est également prononcée contre tout détenteur de claims qui néglige de les exploiter. Comme on ne peut prospecter ni sur les terrains de l'État, ni dans les endroits clos, on a alors recours au système de l'option. On verse une certaine somme au propriétaire et on se réserve, auprès de lui, la faculté d'acheter la propriété au cas où on y trouverait de l'or à un prix fixé d'avance. Ce système de l'option est très employé au Transvaal, même pour des propriétés autres que des terrains aurifères. On achète ferme à un prix convenu avec faculté d'abandon, au bout d'un certain temps, moyennant une indemnité fixée.

Sur les territoires de la Compagnie à charte (Chartered Company), on paye, pour avoir le droit de prospecter, un droit fixe de 1 shelling, qui donne droit, au cas de découverte, à 10 *reef claims* ou 10 *alluvial claims* et au droit de suite sur les filons. La Compagnie partage les bénéfices par moitié avec l'exploitant.

Le bassin aurifère reconnu, jusqu'à ce jour, le plus riche du Transvaal est le Witwatersrand dont Johannesburg occupe le centre et qui s'étend de l'est à l'ouest à 25 kilomètres de chaque côté de la ville, puis, après une légère interruption à l'extrémité ouest, forme un demi-cercle se dirigeant vers le Sud où il se perd après dislocation.

Le bassin du Witwatersrand est composé d'un certain nombre de *reefs*, c'est-à-dire de couches sédimentaires comme les couches de charbons.

Les *reefs* sont parallèles entre eux et forment plusieurs séries.

La série du *Main Reef*, la plus importante, comprend dans toute son étendue : le *Main Reef*, le *South Reef*, le *Main Reef Leader* et parfois le *North Reef*. Ces *reefs* sont formés de conglomérat (*Banket*), formé de noyaux de quartz, rejoints entre eux par un ciment composé de sable, d'argile, d'oxyde de fer hydraté et généralement de pyrites aurifères. La forme des cailloux quartzeux, leur nombre et leur couleur permettent de reconnaître entre eux les divers *reefs*.

Tous ces *reefs* pendent du nord au sud ; ils sont en affleurement d'abord, s'enfoncent sous un angle d'environ 80°, puis se redressent peu à peu en profondeur pour arriver à quelques centaines de pieds à former un angle de 30 à 35°, avec l'horizontale. Les ingénieurs pensent que cet angle reste constant, une fois atteint, car ils ont constaté que les couches géologiques au sud de l'affleurement, c'est-à-dire dans la direction où pendent les *reefs*, ont à peu près cette inclinaison de 30°. Il y aurait, d'après eux, symétrie entre les couches de roches stériles et les couches aurifères qui obéissent aux mêmes lois géologiques. Les sondages faits très loin de l'affleurement ont, du reste, donné raison à cette théorie.

Le *Main Reef* est généralement d'une épaisseur de 2 à 15 pieds, mais d'une teneur assez faible quelquefois pour qu'on ne le travaille pas ; on constate cependant qu'il s'enrichit en profondeur, ce qui pourra prolonger de beaucoup l'existence de certaines mines.

Le *South Reef* et le *Main Reef Leader* sont beaucoup plus minces, mais aussi beaucoup plus riches. Leur épaissseur varie de trois pouces à deux pieds.

Ce sont ces *reefs*, auxquels se joint quelquefois le *North Reef*, que travaillent les principales Compagnies du Witwatersrand. Ils sont à quelques pieds les uns des autres et généralement un seul puits peut servir à l'exploitation des trois *reefs* qu'on retrouve quelquefois subdivisés en quatre et même cinq couches.

A côté de cette série il existe une quantité d'autres *reefs* de moindre importance, mais dont certains cependant donnent lieu à une exploitation suivie.

Les principaux sont :

Le *Rietfontein Reef*, au nord, très irrégulier et presque inexploité.

La série du *Kimberley Reef* au sud, dont les filons, bien que d'une teneur très faible, sont cependant exploitables avec profit sur certains points, grâce à leur grande épaisseur. Des expériences faites dans plusieurs mines ont donné des résultats satisfaisants. En descendant encore vers le Sud, on trouve les séries du *Bird Reef*, du *Yellow Reef* et du *Elsberry Reef*, considérées jusqu'à ce jour comme sans valeur.

A sept milles au sud du *Main Reef*, on trouve le *Black Reef* qui donne lieu à une exploitation chaque jour grandissante. Il est très riche mais très mince et s'enfonce presque horizontalement, ce qui nécessite un grand nombre de claims aux Compagnies qui l'exploitent ; de plus, il faut pour l'extraire abattre avec lui une quantité considérable de roches stériles vu sa faible épaisseur. Par contre, son aspect est absolument distinct de celui des roches encaissantes, ce qui rend le triage facile et permet de n'envoyer aux pilons que du minerai pur.

Mentionnons encore comme *Reefs* secondaires : le *Botha's Reef*, le *Randfontein Reef*, le *Buffelsdorn Reef*, le *Battery Reef*, etc.

Les *Reefs* sont quelquefois interrompus par des failles (*Dikes*), mais jamais en principe le *Dike* n'entraîne la disparition complèle du filon; il n'occasionne que son rejet; on est toujours sûr de retrouver le *Reef* à une faible distance. Certaines indications données par la nature de la section du *Reef* avoisinant le *Dike* permettent aux mineurs de reconnaître la direction dans laquelle doivent être faites les recherches.

A côté du Witwatersrand, il existe au Transvaal plusieurs autres districts aurifères. Ce sont :

Le district de Heidelburg comprenant une centaine de kilomètres carrés. On y trouve du conglomérat, quelquefois en affleurement, mais souvent recouvert par une couche de détritus. Les deux principaux filons de cette région sont le *Nigel Reef* et le *Marais Reef*. Une vingtaine de Compagnies ont été créées dans ce district.

On trouve encore des conglomérats dans les districts de Klerksdorp et de Potchefstroom, au sud-ouest de Johannesburg.

Dans la vallée du Kaap, on trouve le quartz aurifère au milieu du granit. On trouve aussi de l'or alluvial sur les collines, dans un terrain feldspathique épais de 1 mètre.

Les champs d'or de Komatri, le long de la rivière du même nom, sont des filons de quartz aurifère ; on trouve des pépites dans quelques couches de grès quartzeux et de schiste.

On retrouve le conglomérat dans la Murchison Range, mais l'exploitation en est rendue difficile par la difficulté des communications, les filons paraissent s'étendre sur une longueur d'environ 50 kilomètres.

En bordure du Bechuanaland anglais, le district de Malmani, couvrant une superficie de 25 kilomètres carrés.

On y trouve des roches volcaniques traversées par une dizaine de filons de quartz aurifère d'une épaisseur atteignant parfois 2 mètres.

Citons encore la vallée du Witwatersbury, à l'ouest de Pretoria, où l'on trouve du quartz aurifère, et les champs d'or de Blaauwbank, au sud-ouest du Witwatersbury, où l'on retrouve le conglomérat et quelques terrains d'alluvion.

L'exploitation de ces mines d'or est faite par 50000 mineurs indigènes et 8000 blancs.

Les noirs seuls procèdent à l'abatage du minerai; les blancs sont employés à la surveillance, à la manœuvre des machines perforatrices et, en général, de tous les engins mécaniques, aussi bien à la surface qu'au fond de la mine, et aux diverses opérations chimiques nécessaires au traitement du minerai.

La question de la main-d'œuvre est une des plus grandes difficultés de l'exploitation au Transvaal.

La demande de travailleurs a jusqu'à présent été plus grande que l'offre. L'ouvrier cafre est travailleur, vigoureux, dur à la fatigue et assez facile à diriger; malheureusement, il est difficile à fixer. Il ne vient travailler dans les mines que le temps nécessaire pour amasser une petite fortune, de quoi acheter une femme et des vaches. Il faut donc constamment instruire les nouveaux arrivants qui s'en vont au moment où ils sont devenus des ouvriers parfaits, rompus aux travaux de la mine. Cette difficulté serait relativement de peu d'importance si l'on trouvait sur place et immédiatement d'autres natifs pour remplacer les partants. Il n'en est malheureusement pas ainsi.

La chambre des mines, qui s'occupe des intérêts généraux et où chaque compagnie peut être représentée moyennant une cotisation, a organisé un département du travail (*labour department*) avec à sa tête un commissaire. Ce département a créé des dépôts près des centres indigènes, où les noirs reçoivent le logement et la nourriture ainsi que les moyens de parvenir jusqu'aux mines. On espère d'ici peu, en multipliant ces dépôts et en recrutant les noirs de la côte Est et du Natal, faire concurrence à ceux du Nord et de l'Ouest et en amenant ainsi un courant constant de travailleurs, abaisser le taux des salaires qui sont à l'heure actuelle fort élevés. Les natifs dans les mines sont nourris, logés et reçoivent de £ 2 à £ 4 par mois.

Une des causes de désertion des noirs est la présence dans les mines des *Trouts;* ce sont des recruteurs gagés qui, en offrant aux Cafres des salaires plus élevés, leur font quitter une compagnie pour une autre.

En novembre 1895, le gouvernement boer, sollicité par la chambre des mines, a promulgué une loi qui dit que tout noir, qui désirera pénétrer dans un district minier, devra se faire délivrer une passe, représentée par un jeton de métal, qui lui permettra de circuler dans le district pour y chercher du travail. S'il n'en trouve pas dans un délai déterminé, il devra quitter le district et prendre une autre passe pour se rendre dans un autre district.

Tout nègre qui n'observe pas cette formalité est passible d'une amende, et, en cas de récidive, il s'expose à l'emprisonnement et au fouet. Les compagnies recueillent les passes des noirs et les remettent aux commissaires des mines, agent du gouvernement, en même temps que la liste de leur personnel. Le nègre qui quitte la mine sans avis préalable est signalé et arrêté immédiatement, grâce au numéro de sa passe.

Le mode d'exploitation des mines varie suivant que l'on a affaire à des mines d'affleurement ou à des mines profondes (*deep levels*). Les premières attaquent le *reef* à la surface du sol, les secondes doivent aller le chercher à une certaine profondeur qui varie avec la distance de l'affleurement. Dans ce dernier cas, on fonce un puits vertical jusqu'au filon et on fait le développement comme pour les mines d'affleurement.

Dans ces dernières, un puits droit carré s'enfonce suivant l'inclinaison du *reef*, c'est-à-dire que, tout en restant constamment dans un même plan vertical, son inclinaison change avec celle du filon.

Ce puits donne passage à une double voie ferrée, aux échelles et aux tuyaux des pompes d'épuisement. Tous les cent pieds environ, on perce une galerie horizontale dans le sens des couches. L'abatage du minerai se fait de la galerie en remontant, on l'évacue par la galerie inférieure d'où il est conduit au puits central. Quand le *reef* est mince, la hauteur des chantiers d'abatage est de deux pieds. A mesure qu'on exploite une galerie, on en perce une autre inférieure, c'est ce qui constitue le développement. Tout le travail est fait à la dynamite; l'ouvrier est payé à la tâche et doit faire dans sa journée un certain nombre de trous de mine. Deux fois par jour, les chantiers sont évacués, on place les cartouches et l'on fait sauter.

Le minerai ainsi abattu est remonté à la surface dans des bennes qui, poursuivant leur ascension à 50 pieds environ au-dessus du sol, le déversent sur un immense plateau circulaire tournant devant des ouvriers qui en opèrent le triage. Ainsi débarrassé des roches stériles, il passe au concasseur (*breaker*) formé de deux mâchoires d'acier. Le traitement se décompose alors en quatre opérations :

1° Broyage du minerai et amalgamation de l'or natif;

2° Concentration des oxydes et pyrites aurifères;

3° Traitement des résidus (*tailings*) par le cyanure;

4° Traitement des concentrés par la chloruration.

Au sortir des concasseurs, le minerai est porté aux mortiers dans lesquels il est distribué par un trembleur. Le mortier est rectangulaire; ses parois sont amalgamées, sauf la paroi antérieure qui est formée par une toile métallique. Cinq pilons ou bocards du poids moyen de 4 à 500 kilogrammes tombent alternativement dans le mortier; ils sont mus par un axe horizontal qui porte 2 cames diamétralement opposées. Chaque came soulève le pilon et le laisse retomber de son propre poids.

Un courant d'eau passe constamment dans le mortier et s'écoule à travers la toile métallique, entraînant les parcelles de minerai assez fines pour passer.

Devant le mortier se trouvent les plaques d'amalgamation. Ce sont de grandes feuilles de cuivre argenté, frottées de cyanure de potassium et recouvertes d'une couche de mercure. Le minerai pulvérisé est entraîné sur ces plaques par le courant d'eau et l'or libre qui n'a pas été absorbé par le mercure des parois du mortier l'est par celui des plaques. Pour recueillir l'amalgame, on gratte les plaques avec un morceau de cuir ou de caoutchouc, on passe l'amalgame au filtre-presse, on obtient ainsi un produit compact que l'on distille dans des cornues en fonte. On condense les vapeurs de mercure qui ressert indéfiniment, la perte en étant très minime. Dans la cornue on trouve l'or qui n'a qu'à être refondu en lingots.

Après avoir passé sur les plaques, le minerai pulvérisé est entraîné par des canaux amalgamés sur les concentrateurs. On se sert du *frue vanner,* qui sépare les pyrites des *tailings,* cet appareil repose sur la différence de densité des deux matières.

Les *tailings* ont conservé 25 à 35 pour 100 de l'or contenu. On va les traiter par le cyanure qui leur enlèvera 70 pour 100 de leur or. On les débarrasse d'abord de l'eau, puis on les met dans de grandes cuves où l'on fait arriver d'abord une première solution de cyanure de potassium à 6 pour 100, on l'écoule et on la remplace par une solution à 3 1/2 pour 100.

A sa sortie de la cuve, la solution de cyanure passe dans des auges à parois contrariées et remplies de copeaux de zinc. Le zinc a la propriété de précipiter le cyanure d'or. L'or se dépose sur le zinc et il se reforme du cyanure de potassium. On pourra se resservir de la solution après condensation et addition de cyanure. On recueille le zinc chargé d'or, on le chauffe dans des cornues, le zinc passe à l'état de vapeur et l'or se retrouve dans la cornue.

Un autre procédé moins employé consiste à précipiter l'or de la solution de cyanure au moyen de l'électricité sur une mince feuille de plomb.

Les sulfures et oxydes aurifères qu'on a recueillis dans le *frue vanner* sont traités par le chlore, mais seulement par quelques Compagnies spécialement outillées pour cela ; celles qui ne le sont pas vendent leurs concentrés aux Compagnies qui se chargent de ce travail.

Ces concentrés sont d'abord grillés pour les débarrasser du soufre, de l'arsenic et oxyder le fer et autres métaux. A leur sortie des fours, ils sont refroidis, puis introduits dans des tonneaux où l'on fait arriver un courant de chlore gazeux. Il se forme du chlorure d'or.

Au bout de trente à quarante heures, quand l'effet du chlore est produit, on fait pénétrer dans le tonneau un courant d'eau qui dissout le chlorure et entraîne les résidus. On décante alors la solution et on la précipite par du sulfate de fer. Le précipité est porté directement aux creusets.

Il reste encore une partie de l'or qui n'est pas extraite, c'est l'or flottant contenu dans les boues (*slimes*) et qui constitue le plus gros déchet. On n'a pas, jusqu'à présent, trouvé de procédé pour l'extraire d'une façon pratique.

Ces divers procédés chimiques, d'invention assez récente, ont permis l'exploitation de mines qui ne pouvaient pas donner de bénéfices avec l'amalgamation seule. On n'obtenait, en effet, que 50 à 60 pour 100 de l'or contenu dans le minerai, maintenant le déchet est de 10 à 15 pour 100, et on espère le réduire encore.

Pour arriver à ce résultat, on a essayé de nouvelles méthodes de traitement dont la principale consiste dans le broyage à sec et la cyanuration directe.

Le minerai, à sa sortie de la mine, après un concassage grossier, passe aux broyeurs qui ne sont plus des pilons mais des cylindres écrasant de la pierre. De là, le minerai pulvérisé est porté directement aux cuves de cyanuration. Ce procédé aurait, paraît-il, donné 94 pour 100 de l'or contenu et 3 shellings 9[d] par tonne d'économie. En revanche, on prétend que le broyage à sec n'est pas avantageusement applicable à tous les minerais.

On peut établir de la façon suivante, le prix de revient de la tonne de minerai traitée de la façon suivante pour une mine ayant une batterie de deux cents pilons.

	£	sh.	d.
Administration	0	12	0
Exploitation	0	8	6
Frais généraux	0	1	3
Transports	0	0	3
Broyage	0	2	9
Développement	0	2	0
Entretien	0	2	0
Totaux	1	8	3

Soit environ trente-cinq francs la tonne. La teneur du minerai variant en général de dix *pennyweight* (le *pennyweight* exprimé par les lettres dwt est un vingtième de l'once (or) qui est elle-même de 31 gr. 09) à une once soit une valeur de 50 à 92 francs. On voit donc le bénéfice net obtenu, même en tenant compte de l'amortissement.

La durée de la mine est aussi une question importante. On calcule cette durée approximativement ainsi qu'il suit. On multiplie par 150 le nombre des claims suivant l'affleurement et par 400 le nombre des claims en épaisseur, on obtient ainsi la surface exprimée en pieds. On multiplie cette surface par l'épaisseur moyenne du *reef* suivant son inclinaison. Une tonne de minerai correspond à quinze pieds cubes, en divisant le résultat obtenu par 15 on aura le tonnage du minerai contenu dans la mine ; ce résultat, divisé lui-même par le nombre de tonnes annuellement extraites, donnera à peu près le nombre d'années que durera la mine.

La quantité d'or extraite des champs d'or de la République Sud-Africaine a crû d'année en année dans des proportions extraordinaires. Donnons pour le prouver les productions d'or annuelles. On trouve :

1887	55.000	onces ou	1.710	kilogrammes.
1888	280.000	—	8.705	—
1889	438.733	—	13.640	—
1890	554.822	—	16.250	—
1891	835.515	—	25.977	—
1892	1.289.498	—	40.092	—
1893	1.614.244	—	50.189	—
1894	2.265.853	—	70.448	—

La production de 1895 dépasse 2.300.000 onces.

C'est donc environ 9.650.000 onces d'or extraites des mines en 9 années, près de 1 milliard de francs.

De ce chiffre considérable, le Witwatersrand a toujours donné la plus forte part. Nous ne pouvons mieux le prouver qu'en donnant les chiffres de la production par district pendant l'année 1894.

Witwatersrand	2.024.164	onces ou	62.934	kilogrammes.
Vallée du Kaap	92.577	—	2.878	—
Klerksdorp / Potchefstroom	77.714	—	2.416	—
Lydenburg.	60.275	—	1.874	—
Zoutpansberg	10.629	—	331	—
Malmani	494	—	15	—
	2.265.853	—	70.448	kilogrammes.

De tous ces chiffres, il résulte que le rendement des mines du Transvaal a suivi une progression ascendante constante et que, parti de 887 kilogrammes en 1887, il a atteint sept ans plus tard le chiffre de 70448 kilogrammes.

Le nombre des compagnies exploitantes n'a pourtant pas augmenté depuis quelques années, bien au contraire, mais celles qui ont subsisté ont mieux organisé leur travail, ont perfectionné leur matériel et ont employé pour le traitement du minerai des moyens plus rationnels qu'auparavant.

Le nombre des pilons n'a pas augmenté dans la même proportion que les rendements. On en comptait 1805 en 1890 et 2290 à la fin de 1894. Il faut ajouter qu'on a augmenté le poids des têtes de pilon, de sorte qu'un bocard, au lieu de broyer 2 à 2 1/2 tonnes de minerai comme autrefois, broie maintenant jusqu'à 4 tonnes par jour.

Les 2290 pilons ont broyé, en 1894, 2 827 365 tonnes de minerai qui a donné par le traitement mécanique, 40587 kilogrammes d'or; le reste, soit 22000 kilogrammes provient du traitement chimique des résidus et d'un peu d'or d'alluvions.

Le traitement chimique des résidus tend aussi à prendre de jour en jour plus d'extension , et nombre de mines traitent maintenant elles-mêmes leurs *tailings* et leurs concentrés au lieu de les vendre comme autrefois à des compagnies spécialement outillées qui en faisaient la cyanuration et la chloruration à leurs frais.

Toutes les actions des mines, sauf quelques rares exceptions, sont nominatives, émises à £ 1 et enregistrées, soit à Londres, soit dans l'Afrique du Sud.

La loi sur les mines (*Voir l'annexe spéciale au rapport*) est très large, bien que s'attachant en même temps à sauvegarder autant que possible les intérêts des actionnaires.

Dans la pratique, les mines sont divisées en un certain nombre de groupes qui sont sous le contrôle de maisons importantes. Citons les principaux :

Le groupe Eckstein ou Wernher-Beit contrôle 17 mines d'affleurement (*outcrop*), parmi lesquelles : Robinson — Wemmer — Ferreira — City and Suburban, Crown Reef — Durban Roodeport — Heriot — Jumpers — Modderfontein, Worcester — Henry Nourse — Bonanza, etc.

Le contrôle de ce groupe s'exerce aussi sur les mines profondes (*deep levels*), dont l'ensemble constitue la Compagnie des Rand Mines, les principales de ces mines sont : Ferreira deep — Crown deep — Rose deep — Langlaagte deep — Jumpers deep — Geldenhuis deep — Nourse deep — Glen deep, etc.

Le groupe des Consolidated Goldfields of South Africa contrôle 12 mines, dont :

Champ d'or deep — Robinson deep — Goldfields deep — Simmer and Jack — Orion — Village main Reef — Luipards vlei — Battery Reef, etc.

Ce groupe est allié au précédent.

Le groupe Barnato a 12 mines : Langlaagte Royal — May

Consolidated — Glencairn — Spes Bona — New Primrose — New Crœsus — Unified — Aurora West — Kimberley Roodeport — Buffelsdorn, etc.

Le groupe Robinson contrôle une mine de diamants et 7 mines d'or : Langlaagte Estate — Langlaagte Star — Langlaagte Block B — Randfontein — Robinson Randfontein — Porges Randfontein — North Randfontein.

Le groupe Gœrtz et Albu contrôle 9 mines, parmi lesquelles : Meyer and Charlton — George Goch — United Main Reef — Princess Estate — Metropolitan Steyn Estate, etc.

Le groupe Berlein comprend : West Rand Mines — Wolhuter — Nigel deep, etc.

Le groupe Newman : Treasury de Johannesburg, etc.

L'East Rand propriatory group contrôle 7 mines.

Le groupe Wollan en contrôle 3.

Citons encore les groupes suivants : Dunkelsbühler, Boiley, etc.

Il en existe encore une quantité d'autres, mais nous ne nous étendrons pas davantage sur ces groupes qui sont sujets à des modifications constantes.

En 1895, le nombre des Compagnies de l'Afrique du Sud se décomposait de la façon suivante :

Mines d'or du Transvaal.	112	Compagnies.
Compagnies de la Rhodesia.	33	—
Compagnies d'exploration, de colonisation et mines de diamants.	62	—

Le capital représenté par les actions de ces Compagnies, au prix d'émission n'est pas inférieur à 62 millions de livres sterling, et, si l'on considère le prix payé pour ces mêmes actions au moment où les cours furent le plus haut (fin septembre 1895), nous trouvons le chiffre énorme de £ 272 millions.

Les 112 Compagnies de mines d'or figurent dans le capital nominal pour £ 28 millions, mais toujours à la même époque leur valeur était devenue £ 117,976,000. Les actions des Rand mines représentaient £ 14 millions (le cours de l'action de £ 1 était de £ 42), celles de la Randfontein C^y £ 8 millions, celles de la Robinson £ 6 millions, etc.

Le capital nominal des actions des 33 Compagnies de la Rhodesia était de £ 8 millions que le *boom* a porté à £ 31 1/4 millions. Dans ce chiffre est comprise la Compagnie à charte de M. Rhodes dont les 2 1/2 millions d'actions représentaient, au cours de fin septembre, un capital de £ 20 millions.

Enfin, dans la troisième série de Compagnies, mines de diamants, Compagnies d'explorations et banques, les actions des 62 Compagnies représentent nominalement £ 25 1/2 millions qui sont devenus £ 123,185,000

Ajoutons que 5 Compagnies absorbent à elles seules les 3/5 de cet énorme capital. Ce sont : la compagnie de Beers (£ 24,000,000) ; Robinson Bank (£ 30,000,000) ; Barnato Bank (£ 8,500,000) Barnato Consolidated (£ 5,250,000) et Johannesburg Consolidated Investment (£ 4,500,000).

Que doit-on penser de ce fabuleux accroissement de capital? On peut se demander si réellement les richesses minières de l'Afrique du Sud représentent cette énorme somme versée par les porteurs d'actions européens.

Les deux grands ingénieurs du Transvaal, les experts en matière de mines, M. Hamilton Smith et M. le docteur Schmeisser, s'accordent pour estimer à 300 ou 350 millions de livres la quantité d'or contenue dans le minerai exploitable du Witwatersrand seul.

Sur les 112 Compagnies établies au Transvaal, 26 jusqu'à ce jour ont donné des dividendes variant de 2 à 100 pour 100 avec une moyenne d'environ 34 pour 100.

Avant 1889, 6 Compagnies seulement avaient payé des dividendes.

En 1889, 17 Compagnies distribuent des dividendes variant de 5 à 81 pour 100.

En 1890, 8 Compagnies donnent de 4 à 60 pour 100.

En 1891, 16 Compagnies payent de 2 1/2 à 50 pour 100.

En 1892, 26 Compagnies donnent de 5 à 125 pour 100.

Enfin, en 1894, des dividendes variant de 5 à 150 pour 100 furent distribués par 28 Compagnies.

Certaines mines ont même donné jusqu'à 200 pour 100 en 1895.

On a calculé, étant donnés la valeur en bourse des titres et le total des dividendes distribués que l'intérêt de l'argent engagé dans les mines du Transvaal, était d'environ 3 pour 100 ce qui, disait-on, est absolument insuffisant pour des valeurs minières. Il faut observer que, dans ce calcul, on fait entrer en ligne de compte des mines, qui, bien que très activement exploitées, ne rapportent encore rien et seront même fort longtemps avant de donner des bénéfices. Il en est ainsi par exemple pour les Rand Mines dont le développement est très long puisqu'on doit aller chercher le *Reef* à des profondeurs quelquefois considérables. Ces mines ont été prises dans le calcul précité pour une valeur de £ 14. Or elles ne commenceront à broyer toutes ensemble qu'au commencement de 1898.

En résumé, les mines du Transvaal constituent une des plus belles affaires industrielles du monde; mais il ne faut pas que les porteurs d'actions oublient qu'ils ont affaire à des mines, c'est-à-dire à des entreprises de durée limitée, sujettes à des accidents naturels qui peuvent en diminuer et même en anéantir la valeur, et en tout cas qu'ils doivent amortir leur capital.

Toutefois, le Transvaal est destiné au plus brillant avenir. Les mines de Witwatersrand lui assurent dès à présent, au moins quarante années de prospérité, et il n'est pas douteux que, les moyens de transport se multipliant, d'autres centres aurifères se créeront qui prolongeront au delà des limites qu'on peut prévoir la carrière de cette nouvelle Californie, déjà si grande dans son enfance.

MINES DE DIAMANTS DE KIMBERLEY

En 1867, un traitant anglais acheta d'un Boer, qui n'en connaissait pas la valeur, un diamant de 21 carats, sur les bords du Vaal (Griqualand West). Cette pierre, examinée par les bijoutiers de la couronne, fut achetée par sir Philip Wodehouse pour £ 500.

Deux ans plus tard, le même Boer acheta d'un Hottentot, moyennant £ 400, une pierre de 83 carats, qu'il revendit immédiatement pour £ 11 200. Cette pierre, évaluée aujourd'hui à £ 25 000, est connue maintenant sous le nom de « The Star of S. A. » (l'Étoile du S.-Afr.) ; elle est la propriété de la comtesse de Dudley.

Le bruit de ces bonnes fortunes se répandit et les placers diamantifères du Vaal River étaient découverts. En 1870, une population, évaluée à 10 000 personnes, s'échelonna le long de la rivière, toutes acharnées à la recherche de ces diamants, dont un seul pouvait par hasard faire un homme riche d'un homme pauvre. La découverte de diamants, dans le sol ferme attira beaucoup de ces chercheurs du bord des rivières aux champs du *Du Thoits Pan* et *Bultfontein*. L'année suivante, deux autres mines furent trouvées dans la ferme Vornitzicht, qui plus tard furent connues sous le nom de la *de Beers* et la *Kimberley*, ces quatre mines se trouvant inscrites dans un cercle de 3 1/2 miles de diamètre.

Les fermes changèrent promptement de mains. Les nouveaux propriétaires imposèrent des taxes très lourdes aux mineurs.

Des protestations s'élevèrent, qui se compliquèrent bientôt de la question de la souveraineté du sol. En 1871, une proclamation déclara le Griqualand West territoire britannique. Cette prétention donna lieu à une protestation de la part de l'État d'Orange. En 1876, un arrangement intervint : Kimberley fut annexé à la colonie du Cap. L'État libre d'Orange se contenta d'une indemnité de £ 90 000. Il suffit de remarquer que la Compagnie « de Beers », qui exploite aujourd'hui ces mines, limite à £ 4 000 000, soit 100 millions de francs, sa production annuelle, qu'elle pourrait rendre beaucoup plus considérable, pour reconnaître que l'État libre d'Orange, fidèle aux traditions bibliques de ses habitants (les Boers), vendaient leur droit d'aînesse pour un plat de lentilles.

Le principal trait de l'aspect de la ville de Kimberley est son irrégularité. Elle a, en effet, grandi par l'afflux de nouveaux arrivants autour d'un camp de mineurs. Le nombre des maisons basses, encore couvertes de *corrugated iron*, lui a fait donner par certains touristes le nom de ville de fer-blanc. Elle serait devenue très vraisemblablement une grande ville ; elle grandissait à vue d'œil, chaque négociant en diamants d'Europe avait à Kimberley son représentant. Les affaires y étaient actives sous l'empire de la concurrence, toutes les industries et tous les commerces nécessaires aux besoins de la vie venaient se grouper autour de la Golconde africaine lorsque, subitement, le génie de la spéculation est venu frapper d'arrêt le développement de toutes les entreprises dues à l'initiative privée. M. Cecil Rhodes, le Napoléon de l'Afrique du Sud, avait pensé, résolu et agi. En 1888, une amalgamation des diverses mines (ce que nous appelons une fusion) était faite. La de Beers était créée au capital (en 1892) de £ 8 000 000 environ.

Actuellement les champs de diamants africains n'ont pas produit moins de l'énorme somme de £ 70 000 000, dont environ moitié a été employée en salaires et dépenses de toute sorte dans le district des mines.

Cette fusion, en mettant dans les mains de la Compagnie le monopole de la production et de la vente, transformait brusquement les destins de la ville de Kimberley. Elle devenait ville-lige de la puissante Compagnie. Plus de champ pour les initiatives et les entreprises individuelles; négociants, agents, prospecteurs se tournèrent vers d'autres horizons. On venait de découvrir les mines d'or du Transvaal ; la République Sud-Africaine attira ce peuple énergique, ardent à la recherche de la fortune et le Transvaal doit à cette circonstance le rapide développement de ses champs d'or.

A l'heure qu'il est, la puissante Compagnie de Beers a fermé toutes les mines de diamants de Kimberley, sauf celles connues sous le nom de de Beers et de Kimberley. Comme nous l'avons dit ci-dessus, la production est limitée à £ 4 000 000, qui représentent, suivant les observations faites, la quantité de pierres qui, en temps normal, se peut écouler dans le monde sans troubler les conditions économiques du marché des diamants.

Un syndicat de quatre maisons importantes a traité avec la Compagnie et s'est engagé à prendre à un cours fixe la production de ses mines.

Chaque semaine l'une de ces maisons se voit livrer le produit de l'exploitation. Le jour de la livraison hebdomadaire où nous nous trouvions à Kimberley, nous avons pu voir, étalé sur une table, un lot de diamants bruts évalué à £ 70 000, dont prenait livraison M. Dreyfus, l'un des acheteurs du syndicat. M. Dreyfus, un de nos compatriotes, nous a présenté à M. Gardener Williams le *manager* de la Compagnie, qui a bien voulu nous permettre de visiter en détail les exploitations soumises à sa juridiction : une immense carrière à ciel ouvert, dans la profondeur de laquelle travaillent comme des fourmis des milliers de Cafres et la mine, profonde de 1200 pieds à différents plans, a de vastes galeries, éclairées à la lumière électrique, où circulent les trains de wagonnets traînés par les noirs, amenant aux bennes le *blue ground* qui, étendu à l'air sur des champs immenses et gardés, s'émiette sous l'action de la pluie et du soleil pour passer ensuite sous les engins savants et livrer aux trieurs les pierres qui y sont cachées par la nature.

Ces mines paraissent être inépuisables; l'immense bloc de *blue ground* de ce district semble le contenu d'une sorte d'immense cratère dont la profondeur est insondable et dont la richesse en diamants paraît d'autant plus grande que l'on y plonge davantage.

Dans cette immense exploitation sont employés 1300 Européens et 5700 nègres. — Les mécaniciens et conducteurs de machines reçoivent de £ 6 à £ 7 par semaine; les mineurs de £ 5 à £ 6; les natifs de 4/ à 5/ par jour; les surveillants à la surface de £ 3 12 à £ 4 2 par semaine; les trieurs de £ 5 à £ 6. — Le traitement du Directeur n'est pas moindre de £ 8000 par an.

Ces salaires sont l'existence de la ville de Kimberley, qui, désormais stationnaire dans son développement économique doit ses améliorations à la seule générosité de la Compagnie. — A ses portes, créé par la Compagnie, s'étend un magnifique parc qui commence à ombrager de ses arbres des cultures de toute nature. — Le sol rougeâtre, qui nous a semblé avoir une grande analogie avec celui de Ceylan, est d'une grande fécondité quand il est irrigué. — L'eau est l'élément indispensable à l'exploitation minière, comme à la culture, et Kimberley enveloppé d'un nuage de poussière au moment de notre visite en octobre dernier, appelait de ses vœux l'ouverture de la saison des pluies.

Nous avouons que les nôtres n'étaient pas moins ardents.

En raison de la facilité du détournement d'une marchandise si précieuse sous un petit volume, la Compagnie a été amenée à tenir ses noirs sous une surveillance continuelle. De là, l'invention des *compounds*, camps fermés d'une immense étendue, couverts à 30 mètres, tout le long de leur périmètre, d'un filet qui empêche le jet.

Là, les noirs sortant de la mine sont conduits pour y passer leurs heures de repas, de sommeil et de repos. — Ils s'y groupent par races, cuisinent et jouent ensemble. Ils y ont même un hôpital admirablement tenu.

Ces *compounds* ont été souvent décrits.

Rien n'est plus curieux pour l'Européen qui se demanderait comment les Cafres viennent de tous les points du Griqualand, du Pongo, du Zoulouland, etc., se soumettre à un régime qui ressemble fort à l'esclavage, s'il ne se disait que l'homme, à quelque race qu'il appartienne, se soumet aux plus dures épreuves pour conquérir la fortune. — La fortune, pour un Cafre, c'est £ 25 ou £ 30, le salaire de six mois d'épreuves; c'est le prix d'une femme, d'une vache et la perspective d'une hutte et d'un champ de *mealies* dans le *kraal* de sa tribu.

V. H.

ANNEXES

LA LOI DE L'OR

Codifiée et amendée par le second Volksraad, dans la session d'août 1895, *et confirmée par le premier Volksraad* (1).

CHAPITRE PREMIER

Définitions.

Art. 1. — Le droit de miner et de disposer de toutes les pierres précieuses et métaux précieux appartient à l'Etat.

Art. 2. — Cette loi est applicable aux diamants, rubis, or et tous autres métaux précieux et pierres précieuses ; le Président, avec l'avis et le consentement du Conseil Exécutif, peut promulguer ces articles de loi.

Art. 3. — Les mots ***public diggins*** s'appliqueront à un terrain proclamé et déclaré ouvert par l'autorité de la loi dans le but d'y explorer, sonder et miner.

Le mot *claim* signifiera soit la portion de terrain sur laquelle une ou plusieurs personnes ou Compagnies ont obtenu légalement le droit de sonder ou prospecter, soit ce droit lui-même.

Private ground signifiera le terrain appartenant à des particuliers ou des Compagnies ainsi qu'il résulte de leurs titres ou de leurs transferts.

Government ground signifiera tout terrain appartenant à l'État.

Le mot ***coloured person*** (Kleurling) s'appliquera à tout individu de couleur, Africain, Asiatique, Américain, Coolie ou Chinois.

Unworked s'appliquera à l'or ou aux métaux précieux quelle que soit leur forme, même s'ils sont fondus, pourvu qu'ils ne soient pas transformés en un article de commerce. Cette expression s'applique aussi à l'or ou aux autres métaux précieux bruts, amalgamés et aussi aux ***slimes.***

De plus tous les mots seront interprétés dans leur sens usuel.

Art. 4. — Le Président aura le pouvoir, avec l'avis et le consentement du Conseil Exécutif, de prendre les mesures nécessaires à l'établissement d'une police et aussi, conformément à cette loi, de prendre toutes les dispositions qu'il jugera utiles pour le bien général et pour le bon ordre sur les terrains miniers.

Ladite police sera sous les ordres d'un fonctionnaire de la juridiction criminelle.

Art. 5. — Le Président aura le pouvoir, avec le consentement du Conseil Exécutif, d'établir des règlements généraux ou spéciaux (pour la demande d'un ou

(1) Nous remercions ici M. Michel Sanson, dont le concours nous a été très précieux pour la traduction des lois du Transvaal.

plusieurs terrains aurifères), règlements relatifs aux sujets traités dans la présente loi ou en rapport avec eux (pourvu qu'ils ne soient pas contraires à cette loi), par exemple à la façon de sonder ou de miner. Il prendra des mesures pour la sécurité, pour l'enregistrement de la quantité d'or produit et pour tous autres objets qui exigeront à son avis de nouveaux règlements, notamment pour l'inscription et la distribution des passes aux indigènes.

Parmi les règlements mentionnés dans cet article sont comprises les dispositions générales et la taxation. Ces règlements auront force de loi à partir de la date de leur publication au *Staats Courant* : ils devront être soumis au *Volksraad* à la session suivante.

Les règlements spéciaux auront force de loi sur chaque terrain proclamé immédiatement après la publication au *Staats Courant*.

Le Président aura le pouvoir, avec le consentement du Conseil Exécutif, de faire toute modification et addition auxdits règlements spéciaux sur la proposition du Commissaire des Mines, le Ministre des Mines ayant été consulté. Ces amendements et modifications entreront en vigueur quatorze jours après leur publication au *Staats Courant*.

Art. 6. — Toutes lois et tous règlements antérieurs relatifs aux mines, en contradiction avec la présente loi, sont abrogés.

Tous les droits, obtenus sur les *claims*, aux termes de l'article 16 de l'appendice N° 1 à la loi de 1883, demeurent valides sous l'empire de cette loi.

Art. 7. — S'il est jugé nécessaire dans l'intérêt général et en vue d'achats publics, notamment pour chemin de fer, canalisation d'eau, etc., de retirer partiellement ou complètement des droits accordés, le gouvernement aura le droit de le faire moyennant une indemnité fixée de gré à gré par les intéressés et le gouvernement. Au cas où un accord amiable serait impossible, l'indemnité serait fixée par un ou plusieurs arbitres choisis par les deux parties et, s'ils ne pouvaient s'entendre sur un ou plusieurs points, ces questions seraient définitivement tranchées par un arbitre suprême choisi par eux.

Art. 8. — Dans tous les cas où, conformément à la présente loi, une amende aura été infligée, cette amende, à défaut de payement, sera remplacée par un emprisonnement. La durée de l'emprisonnement sera proportionnée au montant de l'amende, mais elle ne pourra excéder un mois pour une amende de £ 5 ou au-dessous, 3 mois pour une amende de £ 5 à £ 20, 6 mois de £ 20 à £ 100, et un an au-dessus de £ 100.

La sentence pourra condamner le prisonnier à être soumis au *hard labour*.

CHAPITRE II

Administration et Agents du Gouvernement.

Art. 9. — Il y aura dans la République un Département des Mines. A sa tête sera le Ministre des Mines (chef du Département) qui aura, en outre des attributions indiquées par l'article 4 de la loi 6 de 1890, la responsabilité de l'exécution des règlements approuvés par le *Volksraad besluiten* 939, 944, 946 et 947 des 9 et 10 juillet 1888.

Le Ministre des Mines sera secondé par un expert, nommé par le gouvernement après consultation du Ministre des Mines. Cet expert aura le titre d'Ingénieur des Mines de l'État. Il fera des recherches et déposera des rapports sur les mines découvertes dans tous les districts, il donnera au gouvernement ses avis et ses conseils sur toutes les mines du pays, suivant les conditions que le gouvernement déterminera et qui seront soumises à la confirmation des Législateurs.

Le traitement de l'Ingénieur des Mines de l'État sera fixé par le premier *Volksraad*.

L'Ingénieur des Mines de l'État sera assisté par des Inspecteurs des Mines et des Inspecteurs des Machines sur les terrains miniers.

Art. 10. — Le gouvernement peut nommer de temps en temps des Commissions de personnes sincères et compétentes pour étudier certaines questions relatives aux mines et établir des rapports.

Art. 11. — Le gouvernement nommera, si c'est nécessaire, une personne compétente Commissaire des Mines pour chaque prospection et terrain proclamé. Son traitement sera fixé par le Conseil Exécutif jusqu'à ce qu'un vote du premier *Volksraad* ait réglé cette question.

Le gouvernement pourra nommer, en outre, s'il le juge nécessaire, dans toute prospection ou terrain proclamé, un officier judiciaire spécial avec le titre de *Special Landdrost*, dont la compétence en matière criminelle et civile sera la même que celle d'un *Landdrost*.

Lors de la nomination de l'un de ces officiers judiciaires, le gouvernement déterminera soigneusement les limites de sa juridiction et, dans l'intérieur de ces limites, les *Landdrosts* des différents districts n'auront aucune compétence au civil ni au criminel.

Ces *Landdrosts* spéciaux se conformeront pour rendre la justice aux lois et coutumes applicables aux Cours de *Landdrosts* ; il en sera de même en cas d'appel à la Haute Cour.

En ce qui concerne les mariages, le *Special Landdrost* aura sur sa juridiction les mêmes pouvoirs que les *Landdrosts* ordinaires.

Art. 12. — Le gouvernement pourra nommer d'autres officiers judiciaires en outre du *Special Landdrost*, avec les pouvoirs d'un *Landdrost* en matière criminelle et compétents pour les préliminaires des instructions.

Il établira les instructions à donner à ces officiers judiciaires et leur traitement sera réglé comme il est dit ci-dessus.

Le Commissaire des Mines aura un clerc, qui fera fonction de ministère public et de greffier devant le Tribunal de première instance, en cas d'absence du *Special Landdrost*. Son traitement sera réglé conformément à l'article 11.

Art. 13. — S'il est nécessaire, le gouvernement adjoindra un ou plusieurs clercs au département du Commissaire des Mines. Leur traitement sera réglé conformément à l'article 11.

Art. 14. — Le gouvernement pourra, s'il est nécessaire, nommer un ou plusieurs inspecteurs de claims pour chaque terrain minier; leurs attributions seront établies de la façon qui sera jugée convenable. Leur traitement sera réglé conformément à l'article 11.

Art. 15. — Le Commissaire des Mines aura la surveillance du territoire ou des territoires pour lesquels il aura été désigné. Il sera investi du pouvoir de réglementer toutes les questions ayant trait aux mines, conformément à la présente loi, et de faire observer toutes les dispositions que le gouvernement pourrait prendre en vertu de cette loi. Il portera son attention sur les abus des mineurs et fera le nécessaire pour assurer le bien-être de la population minière; il s'occupera de la salubrité publique, il désignera les endroits où il sera interdit de miner et de prospecter, il fera respecter ceux où seront tracées des routes, il fixera les emplacements convenables des droits d'eau et tous les endroits pour lesquels le gouvernement lui donnera des instructions. Il aura le pouvoir de réserver des terrains à bâtir.

Quand il se trouvera plus de cinq stations minières contiguës, il devra obtenir par l'intermédiaire du Ministre des Mines une autorisation du gouvernement avant d'accorder des licences additionnelles.

Le gouvernement pourra lui donner l'ordre de percevoir les taxes personnelles dans l'étendue de sa juridiction et en observant les règlements que le gouvernement jugera bon d'établir.

Au cas où il ne serait pas nommé de *Special Landdrost*, il aura, au criminel et au civil, la même compétence qu'un *Landdrost*. Il aura, dans toute l'étendue de la République, la compétence du Juge de paix. Dans l'exercice de ses fonctions en matière civile et criminelle, les lois et coutumes réglementant les cours de *Landdrost* seront appliquées.

Au cas où il ne serait pas nommé de *Special Landdrost*, le Commissaire des Mines aura, au point de vue des mariages, les mêmes pouvoirs sur sa juridiction qu'un *Landdrost* ordinaire.

Art. 16. — Les terrains réservés pour les maisons, constructions, canalisations d'eau, jardins ou pâturages, conformément à l'article 55, ainsi que ceux réservés sous l'article 28 pour les *mynpachts* et toutes parties de terrain qui seront complètement entourées par un terrain public de mine ou de prospection, seront sous la juridiction du Commissaire des Mines, ou, s'il en existe un, de l'officier judiciaire spécial nommé sur ces mines ou terrains de prospection.

Le gouvernement aura le droit, au moment de la proclamation d'un terrain minier, de placer les fermes ou parties de fermes contiguës à ce terrain minier, ou enclavées par celui-ci, sous l'autorité des fonctionnaires des mines.

Art. 17. — Tous les avocats, avoués, notaires, agents assermentés qui, conformément aux lois, exercent devant les Tribunaux du pays, pourront exercer également sur ces terrains. Le tarif des licences pour exercer l'une de ces professions sur ces terrains devra être conforme aux ordonnances établies. Aucune personne sans admission et sans licence ne pourra agir pour une autre devant les Tribunaux, ni jouir des privilèges attribués aux professions susdites. Cependant toute personne sera autorisée à soutenir sa propre cause devant les tribunaux et à faire le transfert de terrains, de droits, ou fraction de terrains et de droits lui appartenant personnellement et d'une façon légale. Elle n'aura pas le droit de rédiger des billets pour le coût de la défense dans sa propre cause, ni de réclamer des frais pour transfert ou autre chose, à l'exception des frais de témoins de justice et des droits de timbre.

Art. 18. — L'appel du jugement d'un Commissaire des Mines ou d'un *Special Landdrost* sera porté devant le tribunal de la circonscription, devant les juges des Chambres de Pretoria ou la Haute-Cour.

Art. 19. — Le Commissaire des Mines sera obligé de tenir des livres portant ses recettes et dépenses. Il devra, en outre, tenir des registres spéciaux de toutes les licences et de tous les droits accordés par lui aux personnes ou aux Compagnies, et ce de la manière suivante :

(*a*) Un registre de toutes les licences professionnelles et commerciales;

(*b*) Un registre de toutes les licences minières sur les terrains;

(*c*) Un registre de toutes les licences de prospection accordées aux prospecteurs sur les terrains privés proclamés et faisant mention du propriétaire de la ferme sur laquelle le sondage a eu lieu ;

(*d*) Un registre de toutes les licences minières émises pour un terrain sous concession ou *mynpacht*, sur lequel doit être mentionné le nom du concessionnaire, du propriétaire du *mynpacht* et de la ferme. Aucune licence ne pourra être donnée pour faire des sondages sur un *mynpacht* ou une concession, si ce n'est avec l'autorisation écrite du concessionnaire ou du propriétaire du *mynpacht;*

(*e*) Un registre de toutes les licences concédées pour droits d'eau, claims, etc.;

(*f*) Un registre de tous les transferts de claims ou autres droits miniers;

(*g*) Un registre de tous les *mynpachts brieven*, accordés par le gouvernement conformément à l'article 34;

(*h*) Et tels autres registres que le gouvernement prescrira.

Le public sera autorisé à consulter ces registres. Pour une simple consultation il sera perçu la somme de 1 shelling 6 deniers; pour un renseignement écrit, celle de shellings 5 payable en timbres qui seront apposés sur le document et annulés.

Art. 20. — Le Commissaire des Mines devra envoyer ses états mensuels au Trésorier général et déposer tous les mois les fonds du gouvernement qu'il a en sa possession dans la caisse de ce fonctionnaire.

Art. 21. — Le gouvernement pourra, quand il le jugera bon, adjoindre au Commissaire des mines un ou plusieurs clercs responsables.

Le gouvernement pourra assigner à ces clercs responsables des terrains délimités sur les différentes portions des champs proclamés.

La responsabilité du Commissaire des Mines ne sera pas mise à couvert par la responsabilité des clercs responsables employés dans ses bureaux.

Un clerc responsable peut émettre toutes les licences dans l'étendue de son ressort et percevoir les droits d'enchères, les redevances, les droits de vente, de location et tous autres revenus spéciaux. Il peut également établir les mêmes règlements et prescriptions que ceux indiqués plus haut pour le Commissaire des Mines.

Les licences délivrées par l'un de ces clercs auront les mêmes effets que si elles étaient délivrées par le Commissaire des Mines lui-même.

Les clercs responsables qui auront un département propre devront tenir des registres particuliers de toutes les licences qu'ils accorderont et aussitôt que possible déposer les sommes reçues par eux entre les mains du Commissaire des Mines; dans les quatre derniers jours du mois, ils devront lui envoyer leurs comptes et leur situation mensuelle. Le gouvernement aura le droit, dans les ressorts qu'il jugera bon, d'investir ces clercs responsables des attributions du Juge de paix.

Art. 22. — Le Commissaire des Mines et les clercs responsables devront porter particulièrement leur attention sur ce qui suit :

(*a*) Personne ne devra faire aucune recherche, aucun marché, aucun sondage ou prospection sans licence;

(*b*) Les clercs tiendront des minutes particulières de toutes les affaires expédiées par eux, des décisions prises dans leur ressort et les agents qui leur sont subordonnés exerceront leurs pouvoirs, tiendront leurs comptes et recevront de l'argent pour eux quand ils seront délégués par eux ;

(*c*) Les bureaux, constructions, prisons, tentes, dépôts du gouvernement, etc., devront être tenus en ordre parfait;

(*d*) Tous les droits de douane conformes au tarif d'importation des marchandises étrangères et toutes les marchandises sur lesquelles il n'a pas été payé de droits doivent être soigneusement indiqués;

(*e*) Les droits de timbre et de transfert pour tous les transferts de claims et de terrains doivent être parfaitement réglés;

(*f*) Tous les droits et toutes les recettes revenant à l'État, conformément à la présente loi ou aux lois et règlements antérieurs, doivent être régulièrement payés et tous les documents officiels doivent être soumis au timbre;

(*g*) Toutes les amendes et frais judiciaires, reçus dans les bureaux du *Special Landdrost* doivent être déposés, chaque mois, au Commissaire des Mines en même temps qu'un état des personnes ayant payé les amendes.

Art. 23. — Les Commissaires des Mines prêteront le même serment que les *Landdrosts*. Tous les fonctionnaires nommés aux mines seront assermentés dès leur entrée en fonctions.

Art. 24. — Il est interdit au Ministre des Mines, aux fonctionnaires de son département, ainsi qu'aux *Landdrosts* spéciaux, à leurs assistants, aux commissaires judiciaires et aux fonctionnaires de leurs départements, d'être directement ou indirectement propriétaires de claims et de tout terrain proclamé ou prospecté, de passer aucun traité, de faire aucune entreprise en matière minière et de posséder des actions d'aucune Compagnie en participation, ou d'aucun syndicat minier.

Il est également interdit aux *Landdrosts*, aux chefs de bureau et à leurs subordonnés d'agir comme directeurs, conseillers, contrôleurs ou agents d'aucune Compagnie minière. S'il est prouvé qu'ils ont contrevenu aux dispositions de cet article, ils pourront, suivant le cas, être pour un certain temps suspendus de leurs fonctions, ou être complètement révoqués.

CHAPITRE III

Prospection, recherches, travaux des mines. — Prospection faite par le propriétaire ou avec son autorisation.

Art. 25. — Tout propriétaire, après avoir notifié son intention au *Landdrost* du district, ou au Commissaire des Mines le plus proche ou à son clerc responsable, aura toute liberté de rechercher sans licence sur sa propriété les pierres précieuses et métaux précieux. Dans ce but, il ne pourra employer, en dehors des indigènes, plus de quatre employés salariés blancs. Il pourra, dans les conditions fixées par les présentes, miner, exploiter son terrain ou le faire exploiter.

Le gouvernement pourra faire les investigations qui doivent être faites après la prospection.

En cas de découverte de pierres précieuses ou de métaux précieux sur un terrain privé, le propriétaire sera tenu, dans les sept jours de la découverte, de la notifier au plus proche Commissaire des Mines, au clerc responsable ou au *Landdrost*. Faute de faire cette déclaration, il sera passible d'une amende ne pouvant excéder £ 5.

Art. 26. — Quiconque possède une autorisation écrite (donnée par le propriétaire d'une ferme ou d'un terrain) de prospecter son terrain, obtiendra la licence de prospection demandée contre le payement des frais de licence. Cette licence sera accordée par le *Landdrost* du district dans lequel on désire faire les prospections, ou par tel autre fonctionnaire désigné par le gouvernement, pour la période mentionnée dans ladite autorisation, mais ne pouvant excéder six mois.

Cependant, si ladite autorisation a été accordée pour une période de plus de six mois, le *Landdrost* ou tel autre fonctionnaire nommé par le gouvernement aura le droit de prolonger la durée de la licence accordée, mais il pourra la prolonger seulement d'une nouvelle période n'excédant pas six mois.

Détermination des Reefs exploitables ou autres.

Art. 27. — L'Ingénieur des Mines de l'État, ou tels autres experts commis et envoyés par lui, soit séparément, soit en commission, auront qualité pour juger la valeur des métaux précieux ou pierres précieuses.

Exploitation sous mynpacht ou concession.

Art. 28. — Le propriétaire d'une portion de terrain sur lequel lui-même ou, en conformité de l'article 26, un prospecteur trouve des métaux précieux ou pierres précieuses et qui désire exploiter des mines sur la ferme, doit être mis par le gouvernement en possession d'un *mynpacht brief*.

En aucun cas, le gouvernement ne pourra refuser ce *mynpacht brief*, même s'il a pris la décision de ne pas proclamer ce terrain champ public de mine ou de prospection.

Partout où, en conformité de l'article 55, des maisons avec leurs dépendances auront été réservées par les propriétaires, antérieurement à la proclamation, le propriétaire aura le droit de *mynpacht* sur ces terrains et sur toute leur étendue.

Le gouvernement ne pourra pas refuser ce *mynpacht*.

Art. 29. — Le *mynpacht brief* accordé, conformément à l'article 28, sera délivré pour une période de 5 ans au moins et 20 ans au plus.

Le porteur de ce *mynpacht brief* sera libre cependant de le renouveler pour une nouvelle période de vingt ans au plus, mais conformément aux lois alors existantes. Ce droit de renouvellement sera aussi donné aux propriétaires des *mynpachts* après l'expiration de la période pour laquelle le *mynpacht* avait été accordé.

Le *mynpacht brief* entraînera le payement d'une somme de sh. 10 par an et par *morgen*, qui sera versée au fonctionnaire sous la juridiction duquel se trouve le *mynpacht*.

Le propriétaire du *mynpacht* sera soumis aux conditions suivantes :

1° Il tiendra un registre spécial de tous ses gains et emploiera telle forme que le gouvernement jugera bon de fixer;

2° Le Commissaire des Mines, ou le fonctionnaire sous la juridiction duquel se trouve le *mynpacht*, ou tout autre fonctionnaire nommé à cet effet, aura le droit à toute époque époque d'examiner ces livres ;

3° Le gouvernement aura le droit, en plus du payement de sh. 10 par *morgen*, de percevoir 2 1/2 % de la valeur des bénéfices durant l'année écoulée, ainsi qu'il résultera des livres et des pièces justificatives ;

4° Au cas où ils en seraient requis par les fonctionnaires du gouvernement, les propriétaires ou leurs comptables devront affirmer sous serment l'exactitude des livres et des comptes ;

5° Il acceptera toutes les conditions imposées par le gouvernement pourvu qu'elles ne soient pas contraires à l'esprit de cette loi. Si les droits de *mynpacht* restent arriérés pendant six mois, le Commissaire des Mines ou le fonctionnaire dans la juridiction duquel se trouve le *mynpacht* en réclamera le payement par lettre adressée au propriétaire et une notification publique en sera faite dans le *Staats Courant.*

Le Commissaire des Mines ou le fonctionnaire sous la juridiction duquel est le *mynpacht* devra faire cette réclamation immédiatement après l'expiration des six mois.

Au cas de non payement durant les trois mois qui suivront cette réclamation, le *mynpacht brief* pourra être annulé.

Art. 30. — Chaque angle du *mynpacht* doit être déterminé par une borne en maçonnerie, comme il est décrit à l'article 43. Sur cette borne sera inscrit *Mynpacht n°* ... (indication du numéro du *mynpacht brief*) et le numéro de la borne donné par l'inspecteur des claims. Les limites seront fixées, suivant les prescriptions de l'article 44.

Le propriétaire sera responsable de l'entretien de ces bornes conformément à l'article 3 de l'acte 3, 1864, approuvé par le *Volksraad besluit,* article 519 du 22 mars 1866.

A défaut du propriétaire, le gouvernement érigera et entretiendra ces bornes aux frais de celui-ci, après que notification lui en aura été faite conformément à l'article 45.

Que les bornes soient ou non détruites, le fait ne peut donner lieu à aucune contestation relative à l'étendue du *mynpacht,* qui sera déterminée par le plan approuvé et le *mynpacht brief* accordé.

Art. 31. — Quiconque louera au propriétaire d'une ferme ou d'une portion de terrain une partie de son terrain, dans le but d'y établir une exploitation minière pourra obtenir un *mynpacht brief* comme le propriétaire lui-même et dans les mêmes conditions, pourvu que le bail soit consenti par acte notarié et enregistré. Ce *mynpacht* sera renouvelable pendant la durée du bail.

Art. 32. — Les terrains devenus *mynpachts* et loués, possédés sous licences ou *mynpachts* peuvent être transférés d'une personne à une autre, soit en totalité, soit en partie, aux termes de l'article 14 de la loi n° 7 de 1883.

En cas de division d'un *mynpacht,* les propriétaires d'une portion sont individuellement et solidairement responsables vis-à-vis du gouvernement des sommes qui lui sont dues pour la délivrance du *mynpacht brief* original, dès l'enregistrement du transfert de la portion qui leur revient. Ils doivent se soumettre strictement aux dispositions légales applicables au *mynpacht.* Les stipulations ci-dessus, relatives à la division seront applicables aux *mynpachts* déjà accordés.

Tout acte de transfert doit être fait sur timbre, conformément à la loi 5 de 1882 annexe A.

Pour les ventes de *mynpachts* ou de terrains en location, les mêmes dispositions seront applicables que pour les ventes de propriétés foncières.

Art. 33. — Les dispositions suivantes seront applicables au renouvellement des *mynpachts*, en conformité des articles 31 et 32:

1° Les *mynpachts* ne seront jamais renouvelés autrement qu'au nom des personnes ou des Compagnies à qui ils ont été primitivement accordés, à moins que le transfert en ait été fait auparavant au nom du nouveau postulant;

2° Le renouvellement d'un *mynpacht* à un locataire ne peut être accordé que si celui-ci prouve en produisant un acte notarié et enregistré que le bail est encore en cours ou qu'il a été renouvelé ;

3° Le renouvellement du *mynpacht* peut avoir lieu quand une personne primitivement locataire du terrain en est devenue propriétaire et qu'elle prouve que le terrain sur lequel se trouve le *mynpacht* est sa propriété, ainsi que les droits miniers;

4° A l'expiration d'un *mynpacht*, il peut être divisé sur l'acte de renouvellement, en conformité de l'article 32, et il peut être partagé en autant de portions qu'il est demandé. Pour ces *mynpachts brieven* il est imposé les mêmes obligations que celles relatées à l'article 32 et il doit être fait un plan en quadruple expédition pour chacun de ces *mynpachts brieven* divisés ;

5° La prolongation ou le renouvellement peuvent être accordés pour une durée de cinq à vingt ans, comme en cas de nouveaux *mympachts brieven*, conformément à l'article 29 de la présente loi;

6° Le *mynpacht brief* sera accordé contre le payement et aux conditions déjà fixés par la présente loi ou qui le seront par la suite;

7° En cas de division d'un *mynpacht brief* non expiré ou si une portion doit en être vendue, un nouveau *mynpacht* devra être délivré, avec son propre plan, en vertu d'une cession notariée. L'acte original du *mynpacht brief* devra être envoyé à l'enregistrement afin qu'il soit dessus fait mention de la division. Il en sera de même quand une portion divisée d'un *mynpacht* sera à nouveau subdivisée.

Art. 34. — Aucune concession ne sera accordée à l'avenir sur les terrains du gouvernement. Cependant s'il se trouve des terrains sur lesquels l'exploitation des *claims* ne puisse fournir à des mineurs isolés des résultats suffisants, ou des terrains dont les *claims* ont été autrefois exploités, puis abandonnés, ils pourront être donnés à *mynpacht* à un ou plusieurs mineurs, pour un nombre d'années stipulé, en vue de les exploiter au moyen de machines ou autrement, sous les conditions suivantes :

(*a*) La superficie du terrain sous *mynpacht* ne pourra être moindre de 150 × 150 yards, ni être supérieure à 500 × 500 yards;

(*b*) Chaque demande sera affichée dans les bureaux du *Landdrost* du district intéressé pendant un mois, ou, si le terrain est sous la juridiction d'un Commissaire des Mines, l'affichage sera fait dans ses bureaux. Cet affichage sera fait également sur le terrain. L'affiche fera une description complète du terrain, indiquant son étendue, sa situation et s'il a été ou non déjà exploité;

(*c*) Toute partie intéressée a le droit d'opposer des objections à la délivrance du *mynpacht* d'une portion de terrain en faisant valoir ses motifs par écrit. Ces motifs seront examinés par le *Landdrost* ou le Commissaire des Mines;

(*d*) Immédiatement après l'expiration du mois d'affichage le *Landdrost* ou le Commissaire des Mines enverra la requête et son rapport au gouvernement. Si le gouvernement consent à accorder le *mynpacht*, il le fera dans la forme indiquée dans les annexes de la présente loi ;

(*e*) Pour ces ***mynpachts*** la somme de sh. 10 par ***morgen*** sera payable d'avance et le ***mynpacht brief*** portera un timbre de £ 5;

(*f*) Ces ***mynpachts*** peuvent être transférés de la même manière et dans les mêmes conditions que les claims et autres droits miniers;

(*g*) Si le terrain pour lequel un ***mynpacht*** a été accordé n'est pas exploité, le ***mynpacht brief*** ne pourra être renouvelé à moins d'une autorisation expresse et écrite, délivrée par le gouvernement ;

(*h*) Ces ***mynpachts*** seront soumis à toutes les autres conditions que le gouvernement jugera utiles.

Art. 35. — Toutes les fois que, sur des terrains privés, proclamés publiquement miniers, il se trouvera des endroits où l'exploitation par des mineurs isolés ne pourrait être profitable, ou qui auraient été abandonnés après avoir déjà été exploités, le gouvernement aura le droit de délivrer des ***mynpachts*** sur ces terrains conformément aux dispositions contenues dans les articles 28, 29 et 31 de la présente loi.

Art. 36. — Les personnes ou Compagnies possédant des concessions ou ***mynpachts*** sur des terrains privés ou des terrains du gouvernement, auront la liberté de permettre à d'autres personnes de miner sur les terrains qu'elles tiennent sous ***mynpacht*** ou concession pour leur propre compte, d'après telles conventions légales que les concessionnaires ou propriétaires de ***mynpacht*** pourront passer avec ces personnes. La personne ayant de cette façon le droit de miner devra obtenir une licence du fonctionnaire sous l'administration duquel se trouve le terrain. Il sera clairement indiqué sur cette licence, pour quel ***mynpacht*** ou pour quelle concession elle a été accordée, et les droits à payer par claim seront les mêmes que pour les licences ordinaires. Les dispositions relatives aux revendications sont applicables dans ce cas, sauf celles ayant trait au retour au gouvernement en cas de défaut de payement des licences. En outre, les sommes fixées par l'article 89, paragraphe 2, ne seront pas dues. Les 2 1/2 °/₀ fixés par l'article 29, paragraphe 3, ne seront pas non plus réclamés à ces mineurs.

Le concessionnaire ou propriétaire de ***mynpacht*** sera tenu de notifier au fonctionnaire, sous l'administration duquel se trouve ce ***mynpacht*** toutes les (***vergunning***) autorisations de miner qu'il aura accordées. Chaque contravention contre cette disposition sera punie d'une amende ne pouvant excéder £ 10, et, en cas de non payement, d'un emprisonnement conformément à l'article 8.

Art. 37. — Les mineurs sur une concession ou un ***mynpacht*** seront sous la juridiction du Commissaire des Mines sous l'administration duquel se trouve le terrain, ou du Commissaire des Mines le plus proche ou du ***Landdrost***, comme en décidera le gouvernement.

Art. 38. — Le concessionnaire ou propriétaire d'un ***mynpacht*** qui aura donné l'autorisation de miner sur sa concession ou son ***mynpacht***, conformément à l'article 36, recevra du gouvernement, à la fin de chaque mois, les trois quarts des licences payées.

Proclamation et déclaration des mines publiques.

Art. 39. — Le Président pourra, après avis et consentement du Conseil Exécutif, proclamer un terrain du gouvernement et, après entente avec le propriétaire (si elle est possible), un terrain privé et le déclarer mine publique, ou par la proclamation le rattacher à un terrain déjà proclamé.

Toutefois cette proclamation pour un terrain privé ne produira son effet que six semaines après la publication qui en sera faite au *Staats Courant*. Cette publication sera en outre affichée soit dans les bureaux du Commissaire des Mines sous l'administration duquel est situé le terrain, soit dans les bureaux du *Landdrost* le plus proche.

La proclamation du gouvernement pour un terrain privé devra, après l'expiration de la publication susdite, être insérée dans le *Staats Courant* au moins trente jours avant le jour fixé pour la date de la déclaration.

Aucune ferme ne pourra être considérée comme proclamée et susceptible d'être piquetée, jusqu'à ce que la proclamation ait été lue sur le terrain à proclamer, terrain sur lequel les premières licences seront accordées.

Le gouvernement ne garantit pas la présence, sur les terrains proclamés de pierres ou métaux précieux en quantité susceptible de donner des bénéfices.

Art. 40. — Tant qu'un propriétaire ne prospectera pas lui-même son terrain, on ne donnera pas à d'autres l'autorisation de le faire; le Président, même avec l'avis et le consentement du Conseil Exécutif, ne pourra proclamer publiquement son terrain mine ou champ de prospection et personne ne pourra le contraindre à faire ou laisser prospecter son terrain.

Art. 41. — Le gouvernement donnera avis au propriétaire d'une ferme ou d'un terrain que l'on désire proclamer publiquement mine ou champ de prospection, trois mois avant la proclamation, par la publication de cette intention dans le *Staats Courant*, afin de mettre le propriétaire en mesure de réserver ses droits de propriété, conformément à l'article 48, de réclamer son *mynpacht* et de prendre une décision relativement à sa cour de ferme, à sa maison et ses dépendances, à ses terrains de culture, conformément à l'article 55.

Art. 42. — Avant qu'ait lieu la proclamation publique d'une mine, le terrain devant faire l'objet de cette proclamation sera examiné et le plan en sera dressé. Ce plan devra être approuvé, conformément à la loi. Les lignes entre les bornes doivent être également tracées par un arpenteur agréé, conformément à l'article 44. Si des terrains privés, qui doivent être proclamés, n'ont pas été mesurés à la demande du propriétaire et si les plans n'en ont pas été dressés et envoyés au *Surveyor-General*, dans le courant des trois mois du jour de la notification, le gouvernement pourra les faire arpenter aux frais du propriétaire.

Art. 43. — Tous les angles des terrains proclamés et mesurés seront indiqués par des bornes carrées en maçonnerie solide et d'une hauteur de 4 pieds. Ces bornes porteront une inscription qui indiquera le nom et le numéro de la ferme, conformes aux livres de l'Enregistrement des Actes, et le numéro officiel de la borne.

Art. 44. — Les côtés de tout terrain mesuré et proclamé, de fermes ou parties de fermes formant des divisions de mines publiquement proclamées, devront, excepté quand il existera des limites naturelles, être nettement indiqués, d'une façon visible à bonne distance, par des bornes rondes intermédiaires en maçonnerie. De plus, quand le Ministre des Mines, d'accord avec le *Surveyor-General* le jugera nécessaire et que la nature du terrain le permettra, les limites seront indiquées par une tranchée d'une profondeur de 6 pouces au moins. Les distances entre chaque borne ne devront pas avoir moins de 1000 yards.

Art. 45. — Les bornes dont il est question aux articles 43 et 44, sur les terrains de l'État, seront érigées aux frais de l'État. Sur les terrains privés, avis d'ériger ces bornes sera donné par écrit au propriétaire dans les sept jours qui suivront la décision prise par le Président de proclamer le terrain aux termes de la présente loi. Si le propriétaire n'obéit pas à cette injonction dans les six semaines à dater du jour où elle lui est faite, le gouvernement pourra, après un rappel, faire élever lui-même ces bornes aux frais du propriétaire.

Art. 46. — En prévision de la proclamation d'un terrain, il ne peut être accordé à d'autres personnes plus de 60 claims *vergunning* par un propriétaire d'une ferme de 2000 *morgens* ou moins ; ces personnes sont, après la proclamation, soumises aux taxes des licences ordinaires.

Le propriétaire d'une ferme de plus de 2000 *morgens* a le droit de donner 2 claims *vergunning* par 100 *morgens* qu'il possède en plus des 2000, sous les conditions indiquées dans la clause précédente.

Art. 47. — Tout individu qui découvrira des pierres précieuses et métaux précieux en quantité exploitable, sur des terrains privés ou sur ceux du gouvernement à six milles au moins d'un endroit exploité, sera, lors de la proclamation de ces terrains, désigné comme possesseur de 6 claims, soit de *reef*, soit d'alluvions, et ces claims seront enregistrés sous la rubrique « Claims de prospecteur ».

Il pourra, sans avoir besoin de licence, y faire des travaux tant qu'il en sera propriétaire.

Art. 48. — Si le Président, avec l'avis et le consentement du Conseil Exécutif, désire proclamer une ferme, un terrain ou une partie de ferme ou de terrain, leur propriétaire aura le droit de marquer ses claims avant les mineurs ; exception est faite pour le prospecteur qui aura découvert les pierres précieuses ou métaux précieux.

Le ou les propriétaires d'une ou plusieurs fermes proclamées, seront autorisés à marquer pour eux-mêmes un nombre de claims de *reef* ou d'alluvions (qui seront appelés claims de propriétaire) sur la base suivante : un claim pour un terrain de 50 *morgens* ou moins, 2 claims pour un terrain de 50 à 500 *morgens* ; et au-dessus de 500 *morgens*, un claim par 250 *morgens*, avec un maximum de 10 claims par ferme ; ils les posséderont sous licence. Après que l'inventeur des pierres précieuses et métaux précieux aura piqueté et délimité ses claims de prospecteur, les propriétaires, les possesseurs des claims *vergunning* et les mineurs pourront piqueter les leurs conformément à la loi.

Art. 49. — Le prospecteur qui aura trouvé des pierres ou métaux précieux en quantité exploitable ne perdra pas ses droits par le fait que le gouvernement ne proclamera pas de suite le terrain ou ne le rattachera pas de suite à un terrain proclamé.

Art. 50. — Le porteur d'une licence de prospection aura les mêmes droits qu'un mineur ordinaire, sauf le droit spécial du prospecteur. Celui-ci, aussitôt que l'enquête aura été faite sur ses droits et sur la valeur exploitable des pierres et métaux précieux découverts par lui, et aussitôt qu'il aura été statué à ce sujet par le gouvernement, pourra jouir de ses droits quand même le terrain ne serait pas publiquement proclamé. Dans ce cas, il sera autorisé à employer l'eau de la ferme pour exploiter ses claims, et ce avec l'agrément écrit du propriétaire.

Cet article ne sera pas applicable au cas où le propriétaire aurait engagé cette personne afin de faire la prospection pour lui, et où une convention séparée aurait été faite pour l'obtention d'une autorisation écrite, par laquelle le prospecteur se désisterait de ses droits aux privilèges fixés par le présent article dans le but d'obtenir l'autorisation.

Art. 51. — Le propriétaire d'un terrain proclamé sur lequel des licences de mine et de prospection auront été accordées recevra tous les mois la moitié du produit de ces licences de prospection et de mine.

Les produits des licences d'emplacement appartiendront pour 3/4 aux propriétaires et pour 1/4 au gouvernement. Cette stipulation n'est pas applicable pour les cas où il existe déjà des contrats entre le gouvernement et le propriétaire.

Les comptes de ces sommes seront établis au nom du propriétaire et l'argent, en cas de location du terrain, ne sera remis qu'entre ses mains ou celles de son fondé de pouvoirs.

Art. 52. — Le *mynpacht brief* sur un terrain privé qui doit être proclamé peut être établi pour 1/10 seulement de la ferme ou de la portion de terrain.

En mesurant le terrain des *mynpacht,* on ne devra pas seulement tenir compte de la longueur du *reef*, on devra considérer aussi sa largeur, sans que la proportion de la longueur et de la largeur puisse dépasser un ou deux.

Art. 53. — Lorsque des habitants d'une localité demandent par pétition que les terrains de la ville soient, en totalité ou en partie, déclarés ouverts et si la chose paraît au Président utile et praticable, il pourra, avec l'avis et le consentement du Conseil Exécutif, déclarer ces terrains ouverts en totalité ou en partie aux prospecteurs, ou les déclarer publiquement ouverts aux mineurs, sous les conditions imposées par la présente loi relativement aux terrains du gouvernement, avec cette différence cependant qu'aucun droit de prospecter ou de miner sur des propriétés urbaines ne pourra être accordé à moins d'une requête expresse faite par au moins les deux tiers des bourgeois et habitants.

Aucun des droits ci-dessus ne pourra être accordé si les terrains de la ville n'ont pas une superficie suffisante pour que cette autorisation n'apporte aucune entrave à l'élevage, si les routes et les chemins aboutissant à la ville devaient par ce fait être encombrés, si les arbres ou autres plantations devaient être détruits ou déplacés pour l'exercice de ces droits; si quelque empiètement devait en résulter sur les droits d'eau existants, publics ou particuliers, ces empiètements seraient passibles de la pénalité fixée plus loin sous l'article 150. Tous les règlements concernant les mines sur les terrains du gouvernement, détaillés dans la présente loi par l'amendement de la loi n° 8 de 1885, seront applicables en tant qu'ils sont compatibles avec des travaux de prospection et de mine sur des propriétés urbaines. Une partie des revenus provenant de ces mines sera, suivant la décision ultérieure du Président, avec l'avis et le consentement du Conseil Exécutif, attribuée par le gouvernement au budget de la ville ou à son embellissement.

Le Président pourra, avec l'avis et le consentement du Conseil Exécutif et d'accord avec le Ministre des Mines, établir tels autres règlements que les circonstances pourront exiger pourvu qu'ils ne soient pas en contradiction avec les présentes dispositions.

Art. 54. — Quand un chef avec l'avis de son conseil, désirera qu'il soit fait à l'endroit où il réside avec sa tribu des prospections pour trouver des pierres ou des métaux précieux, il demandera qu'elles soient faites par des blancs.

Le gouvernement devra en premier lieu prendre en considération la recommandation des blancs faite par le chef et son conseil.

Si le gouvernement juge qu'il est préférable de donner à d'autres personnes le droit de prospecter, il pourra le faire sans être obligé de faire connaître ses raisons. Exception est faite pour ceux qui auraient été expropriés de leurs fermes par la suite de l'extension d'une localité ; ceux-là auraient un droit de préférence.

Le gouvernement devra faire indiquer à la personne ou aux personnes autorisées par lui quelles sont les parties de la localité susceptibles d'être prospectées. Quand l'existence sur ces terrains de pierres ou métaux précieux sera démontrée par la prospection, le Président pourra, avec l'avis et le consentement du Conseil Exécutif, les déclarer en totalité ou en partie mines publiques, sous les conditions fixées par la présente loi pour les terrains du gouvernement avec les modifications suivantes :

1° Le chef et sa tribu resteront en possession de leur droit de pâturage ;

2° Leurs villages et leurs champs ne pourront être exploités qu'avec leur consentement;

3° Il leur sera laissé l'eau dont ils ont besoin pour leurs usages personnels et pour leur bétail;

4° Un *mynpacht* peut être accordé aux personnes autorisées par le gouvernement pour la durée nécessaire à prouver la valeur du terrain. Ce *mynpacht* sera soumis aux dispositions de la présente loi et son étendue fixée par le surintendant général des indigènes, d'accord avec le Ministre des Mines; mais en aucun cas il ne pourra dépasser le maximum, fixé par l'article 52 pour les terrains privés, des *morgens* pouvant être déclarés ouverts;

5° Une indemnité sera accordée aux chefs et tribus qui ont obtenu du gouvernement leurs territoires à titre gratuit : elle sera fixée au quart du produit des licences et des droits de *mynpacht;*

6° Au cas où les chefs et tribus auraient obtenu leurs territoires à titre onéreux, leur indemnité sera fixée au tiers de ces produits ;

7° Le gouvernement pourra, relativement aux portions de licences et de *mynpacht* dues à Moshette et aux autres chefs de la même importance, faire avec eux telles conventions qui sembleront convenables.

Art. 55. — En cas de proclamation d'un terrain privé et en cas où un terrain privé serait rattaché à un autre déjà proclamé, le gouvernement, si c'est possible, consultera le propriétaire pour fixer quels sont, dans le voisinage, les terrains qu'il ne sera pas permis de prospecter ou miner, tels que : constructions, cours de fermes, jardins, cimetières, villages, pâturages, cours d'eau, etc.

Art. 56. — En toutes circonstances il doit rester suffisamment d'eau pour l'usage du propriétaire, de sa famille, de son bétail, pour l'irrigation des terrains cultivés et des jardins existants lors de la proclamation, aussi bien que pour l'exploitation du *mynpacht* accordé aux termes de la présente loi.

La quantité d'eau nécessaire à ces divers besoins sera déterminée et mesurée par ordre du Ministère des Mines avant la proclamation ou après, aussitôt que possible : elle sera fixée par lui dans les neuf mois qui suivront la proclamation. Par la suite, l'eau ainsi mesurée pourra être employée par le propriétaire pour d'autres usages ou cédée à des tiers.

Le surplus de l'eau et celle qui ne sera pas utilisée devra s'écouler librement. Son emploi en sera réglé par les autorités légales, conformément à la présente loi.

Les locataires, les propriétaires de servitudes et de droits d'eau conservent leurs droits sur cette eau jusqu'au moment de la proclamation; ils peuvent en faire usage comme il est mentionné ci-dessus. A l'avenir, la quantité qu'ils pourront employer sera fixée par le Ministre des Mines dans les trois mois qui suivront la proclamation. Dans ce cas, les dispositions de la seconde clause de cet article seront applicables.

Art. 57. — Le gouvernement pourra exiger du propriétaire ou de son représentant que les terrains occupés soient parfaitement clos et que les plans en soient dressés dans un délai qui sera fixé par le gouvernement, mais qui ne pourra être moindre de trois mois.

Au cas où cela ne serait pas exécuté dans le délai fixé, le gouvernement peut le faire faire aux frais des propriétaires ou de leurs représentants.

Art. 58. — Sur les terrains privés dont il est question dans cet article, le gouvernement, pendant toute la durée de la proclamation, pourra occuper tels emplacements exempts de redevances qu'il jugera nécessaire pour y construire des bureaux ou autres bâtiments d'utilité publique, pour y établir des cimetières, ou dans tout autre but. Ces emplacements seront, si possible, délimités par le Commissaire des Mines d'accord avec le propriétaire et aux frais de l'État. Le plan en sera dressé par un arpenteur reconnu.

Les constructions mentionnées dans la précédente clause demeureront la propriété de l'État.

Art. 59. — Deux ans après la proclamation, des portions de terrain sur des fermes privées peuvent être cédées pour jardins ou plantations si on n'y a pas trouvé de *reefs* ou d'alluvions aurifères et cela aux conditions suivantes :

1° La cession du terrain sera faite par le gouvernement, à la requête du propriétaire, aux conditions qu'il fixera après enquête du Commissaire des Mines et suivant l'avis du Ministère des Mines;

2° Au cas où, par la suite, l'existence d'un *reef* serait prouvée, la portion où il se trouve pourrait être concédée dans les formes ordinaires avec cette restriction que, s'il est causé des dommages aux jardins et plantations, ces dommages seront payés par le ou les porteurs de licences après avoir été estimés par l'arbitrage.

Art. 60. — Quand des portions de terrain auront été concédées conformément à l'article précédent pour jardins ou plantations, il n'en devra pas être fait un autre emploi.

Art. 61. — Si une personne ou une compagnie, propriétaire de claims ou d'un *mynpacht* sur divers terrains proclamés miniers, désire construire un réservoir pour conserver ses *tailings* ou l'eau de pluie, pourvu que ce ne soit pas sur une fontaine ou un cours d'eau existant, si elle désire établir des bacs, tuyaux ou autres choses dans le but d'amener l'eau à l'emplacement de ses machines, ou établir un chemin de fer, soit pour des wagons ordinaires traînés par des chevaux ou des bœufs, ou pour des wagonnets dans le but de transporter aux machines le quartz ou autres matériaux, l'autorisation peut lui en être donnée par le Commissaire des Mines, étant prévu pour les chemins de fer qu'il ne sera employé aucun moteur à vapeur ou à électricité.

Si les aqueducs, chemins de fer ou tramways doivent traverser des claims, *mynpachts*, cours d'eau, rues, chemins de fer, tramways ou terrains appartenant à des tiers, le pétitionnaire devra faire une demande par écrit au Commissaire des Mines, afin d'obtenir l'autorisation nécessaire pour les construire et les exploiter. Cette demande devra être publiée pendant un mois (aux frais du pétitionnaire) dans le *Staats Courant* et dans l'un des journaux de la localité, pour avertir les tiers intéressés ; ceux-ci peuvent, pendant cette période, faire valoir leurs objections et leurs droits. Toute personne qui construira ces aqueducs, réservoirs, chemins de fer, sans en avoir obtenu préalablement l'autorisation, sera passible d'une amende qui ne pourra excéder £ 10 et, en cas de non payement, d'un emprisonnement n'excédant pas six semaines. Il devra en outre indemniser le propriétaire lésé. Le montant de cette indemnité sera fixé par deux arbitres, dont l'un nommé par le pétitionnaire et l'autre par la partie intéressée. En cas de désaccord des arbitres, il en sera référé au Commissaire des Mines et sa sentence sera immédiatement envoyée au Ministre des Mines pour être examinée par le gouvernement. Si, dans le mois qui suit sa réception dans les bureaux du gouvernement, la sentence arbitrale n'a pas été infirmée, elle devra être considérée comme approuvée.

Dans le cas où aucune opposition ne sera faite, le Commissaire des Mines aura le droit d'accorder l'autorisation. S'il existe des oppositions, il devra rendre une décision à leur sujet : les parties intéressées pourront en appeler au Ministère des Mines, dont la décision sera sans appel.

Art. 62. — Le gouvernement devra, par une autorisation spéciale, accorder la faculté d'installer des canalisations pour la transmission des courants électriques, utiles aux exploitations minières.

Art. 63. — Un terrain, ou une partie de terrain, une fois proclamé ne pourra être désaffecté, ni en partie, ni en totalité, excepté si le nombre des mineurs qui se trouvent dans les limites du terrain dont la désaffectation a été requise ou proposée devient inférieur à une personne par 20 *morgens*, étant entendu en outre que la désaffectation de ce terrain proclamé n'infirmera pas les droits sur les machines *tailings*, droits d'eau ou autres *bezitrechten* précédemment obtenus.

En cas de désaffectation d'un terrain proclamé ou d'une partie de terrain proclamé, avis en sera publié six mois à l'avance dans le *Staats Courant* et, s'il en existe un, dans un journal de la localité aux frais du pétitionnaire. Un plan de la mine ou de la ferme, ou de la portion de ferme pour laquelle est demandée l'annulation de la proclamation, sera dressé au bureau du Commissaire des Mines durant la période de six mois. Toutes les oppositions déposées pendant cette période seront examinées le dernier jour ou, si c'est un dimanche ou jour de fête, le lendemain. Une attention particulière sera donnée pour l'arrêt des travaux à ceux dont les claims ne seront pas encore épuisés ; il leur sera accordé une indemnité. Le montant des indemnités sera fixé par convention mutuelle entre le gouvernement et les parties intéressées, et, en cas de désaccord, par arbitrage.

Exploitation des claims sous licence.

Art. 64. — Toute personne de race blanche du sexe masculin, majeure, soumise aux lois du pays et produisant au fonctionnaire chargé de l'émission des licences un certificat constatant qu'elle a payé ses taxes personnelles pour l'année courante aura le droit d'obtenir douze licences d'extraction, représentant un claim chacune ; l'intéressé devra verser chaque mois sh. 20 pour chaque licence lorsqu'un matériel aura été installé sur les claims correspondants. Dans le cas contraire, le versement mensuel ne s'élèvera qu'à sh. 15 par licence. Toute personne dans les conditions ci-dessus pourra obtenir également douze autres licences de prospection sur le territoire soumis à la juridiction du magistrat qui délivrera la licence. Pour chaque licence de cette catégorie, l'intéressé devra verser sh. 5 par mois sur les fermes particulières et sh. 2,6 sur les terres du gouvernement, plus un droit de timbre de 1 shelling 6 d.

Art. 65. — Quand un terrain sera proclamé dans une mine, conformément à la présente loi, la ou les personnes propriétaires de claims de prospection sur ce terrain seront autorisées à rester en possession de ces claims, pourvu qu'elles aient satisfait à la présente loi.

Art. 66. — Les dispositions suivantes concernent la délimitation et les conditions d'acquisition de claims par procuration :

(*a*) Tout individu, homme ou femme, demeurant sur le territoire de la République Sud-Africaine, pourra faire délimiter des claims d'extraction ou de prospection par l'intermédiaire d'un fondé de pouvoirs, sous la réserve pour les femmes mariées qu'elles soient autorisées de leur mari, et pour les mineurs qu'ils soient assistés de leur père ou de leur tuteur.

Tout adulte du sexe masculin, agissant en son propre nom ou en qualité de mari, père ou tuteur, devra produire avec son pouvoir le certificat exigé par l'article 64.

(*b*) Le mandant et le mandataire devront faire viser la procuration par le *Fieldcornet* de la section correspondante. Ils devront avoir versé le montant de leurs taxes pour l'année courante.

Le *Fieldcornet* doit en outre certifier que le fondé de pouvoirs est inscrit sur sa liste et qu'il lui est connu comme habitant sa circonscription et comme étant soumis aux lois du pays.

Dans le cas où une personne serait mandataire de sa femme ou de ses enfants, le *Fieldcornet* ou son assistant devra certifier que l'état civil du mandataire est régulièrement établi.

S'il a quelque doute sur la régularité de l'état civil, il peut demander que l'exactitude des procurations soit affirmée sous serment.

Aucune procuration ne sera valable pour plus de douze claims et ce nombre sera réduit à six pour les mandataires des enfants n'ayant pas atteint l'âge de seize ans.

Tout individu du sexe masculin ayant seize ans et plus aura le droit de piqueter douze claims pourvu que le *Fieldcornet* ou son assistant dans la circonscription certifie qu'il est inscrit sur sa liste, connu de lui comme habitant de la circonscription et soumis aux lois du pays.

Les femmes non mariées n'auront pas le droit de délimiter ou faire délimiter plus de six claims.

Les veuves auront le droit de délimiter ou de faire délimiter douze claims.

Toute personne à laquelle s'applique cet article et qui, conformément aux lois du pays, ne paye pas de taxe personnelle peut produire un certificat constatant que son père, tuteur ou mari a payé sa taxe personnelle pour l'année en cours.

Toute personne à laquelle s'applique cet article, qui n'est pas soumise à la taxe personnelle et qui n'est pas en puissance de père, tuteur ou mari, devra produire un certificat à cet effet, délivré par le *Fieldcornet* ou son assistant.

Le *Fieldcornet* devra apposer sur chacun de ces certificats un timbre de sh. 1 pour la signature du certificat et la recherche dans ses livres ; ce timbre sera payé par le porteur du pouvoir. Sur le montant, la somme de 6 d. sera payée mensuellement pour chaque certificat au *Fieldcornet* par le gouvernement.

Le *Fieldcornet* ou son assistant qui sciemment auront certifié régulier un acte qui ne l'est pas seront punis d'un emprisonnement de trois mois au plus, avec ou sans *hard labour*.

(*c*) Tout adulte du sexe masculin domicilié à l'étranger peut délimiter et posséder des claims d'extraction ou de prospection, soit en son nom personnel, soit comme fondé de pouvoirs, à condition que ce soit en vertu d'un acte notarié, dûment légalisé, et la procuration devra porter un timbre de la République de £ 1 en outre du timbre ordinaire de sh. 1,6. Ce timbre devra être renouvelé annuellement; il est valable durant toute l'année pour la même personne et sur tous les terrains miniers de la République. Le porteur du pouvoir peut obtenir un duplicata du reçu du fonctionnaire qui a annulé le timbre sur la première procuration de l'année.

Aucune femme, aucun mineur domicilié à l'étranger ne peut faire délimiter des claims par procuration.

Art. 67. — Les articles 64, 65 et 66 ne seront pas applicables aux terrains aurifères d'alluvions (en ce qui concerne les procurations). Dans ces terrains, une seule personne ne peut pas délimiter plus d'un claim en son nom personnel.

Art 68. — Tout mineur ayant une licence sera autorisé à posséder sur une ferme proclamée un claim d'alluvions et des claims de *reef*, conformément aux articles 64, 65 et 66.

Quand les propriétaires associés pour la possession d'un bloc amalgamé auront fait enregistrer leur part respective auprès du Commissaire des Mines et de son clerc responsable (moyennant le payement de £ 5), chacun d'eux aura la liberté de délimiter à nouveau un claim ou de donner une procuration à cet effet.

Une procuration ne peut être utilisée qu'une fois et lors de la délivrance de la licence; elle est restituée après annulation des timbre et enregistrement de la première licence obtenue. Le numéro de l'enregistrement y est porté ainsi qu'une suscription à l'effet que ledit pouvoir ne puisse être employé pour aucun autre claim.

A celui qui aura découvert des *reefs* aurifères exploitables sur un terrain public proclamé et sur des champs prospectés, il sera accordé sans procuration 24 claims moyennant une taxe de sh. 6,6 par claim pour le premier mois et ensuite moyennant la licence ordinaire.

Art. 69 — Au cas où il serait découvert et exploité des alluvions aurifères sur un claim de *reef* quartzeux, le montant du prix de licence sera doublé sur ce claim.

Art. 70. — L'enregistrement d'un ou plusieurs claims de prospecteur sera fait par le Commissaire des Mines quand des pierres ou métaux précieux auront été découverts sur ses champs : autrement il sera fait par le *Landdrost* du district sur lequel ledit terrain est situé.

Art. 71. — Des mineurs et prospecteurs, propriétaires de claims contigus les uns aux autres et dont le nombre n'est pas supérieur à douze, peuvent, s'ils désirent réunir ces claims, les faire enregistrer comme amalgamés, avec tous droits d'eau leur appartenant, et ce sur demande faite au Commissaire des Mines ou à son clerc responsable.

Lors de l'enregistrement le titre de chaque mineur ou prospecteur doit être clairement et complètement décrit.

En obtenant le certificat de cette amalgamation, soumis à un timbre de £ 2, les propriétaires des claims réunis auront droit aux privilèges ordinaires accordés par les règlements sur les terrains ou ils sont situés.

L'amalgamation des claims n'empêche pas l'aliénation des licences.

Art. 72. — Toute demande de *mynpacht*, droit d'eau, garantie, amalgamation de claims, ou toute demande analogue devra porter un timbre de sh. 6.

Art. 73. — Le travail est interdit dans les mines, du coucher au lever du soleil, ainsi que les dimanches et jours fériés reconnus par la loi.

Le travail fait à ces moments sera considéré comme illégal et empêchera d'obtenir aucun droit.

Art. 74. — Tout propriétaire d'un claim ou d'un bloc amalgamé tenu sous licence de prospection, ainsi que tout propriétaire de claim d'alluvions ou de bloc de ces claims, sera tenu durant le mois à dater de sa première licence de remettre au Commissaire des Mines, au clerc responsable ou au *Landdrost* compétent un plan indiquant la situation du claim ou du bloc, plan signé par celui qui l'aura dressé.

Art. 75. — Tout propriétaire d'un claim de *reef* ou d'un bloc de ces claims, possédé sous licence minière, sera tenu, durant les six mois à dater de la première licence, de fournir au Commissaire des Mines, au clerc responsable ou au *Landdrost* compétent des plans du terrain en triple expédition, lesdits plans dressés par un arpenteur approuvé et à l'échelle qui aura été déterminée par le *surveyor general*.

Ces plans devront indiquer tous les travaux, constructions, chemins de fer, routes, sentiers, stations de machines ainsi que la position géographique du terrain : ils porteront en outre des points trigonométriques ou des points indiquant des bornes permanentes d'un autre plan, de la façon imposée par le *surveyor general* pour déterminer exactement la situation des claims.

Ces plans devront êtres examinés dans les bureaux du *surveyor general* et approuvés par lui.

Avant la signature des plans, le *surveyor general* fera savoir par un avis publié dans le *Staats Courant* qu'ils lui ont été déposés et qu'il y apposera sa signature si dans le délai d'un mois à dater de la publication de l'avis il n'est pas remis d'oppositions entre ses mains.

S'il lui est remis des oppositions, elles devront êtres portées devant les tribunaux dans le délai de un mois, faute de quoi les plans seront signés par le *surveyor general*, comme si aucune opposition n'avait été reçue.

Pour les plans antérieurement approuvés et pour ceux qui le seront à l'avenir conformément à cet article, les mêmes conditions légales seront requises,conditions fixées par l'article 113.

Art. 76. — Les conditions stipulées par l'article 75 seront également requises pour les claims miniers délimités avant que les présentes soient entrées en vigueur et il sera accordé pour l'envoi de ces plans un délai de six mois à dater du jour où elles auront force de loi.

Art. 77. — En cas de raisons suffisantes, le Ministre des Mines pourra prolonger ce délai en se conformant à l'article 75.

Art. 78. — Les plans et croquis de claims ou blocs de claims, délimités avant que les présentes soient entrées en vigueur, devront êtres faits de façon à concorder avec les limites et bornes établies à ce moment.

Au cas où il apparaîtrait un excédent de terrain, le propriétaire de ces claims sera reconnu propriétaire du tout pourvu qu'il prenne une licence pour la superficie entière sur laquelle il payera une somme égale au prix des licences minières ordinaires pour la superficie en question. Si l'étendue est égale à la moitié d'un claim, la moitié d'une licence minière sera exigée.

Art. 79. — Les arpenteurs chargés de l'arpentage des claims auront le droit de pénétrer sur le terrain d'autres propriétaires, après leur en avoir donné avis à eux ou à leurs représentants s'ils ne se trouvent pas sur place ; ils auront également le droit d'y installer tous les instruments nécessaires à l'arpentage.

Tout individu qui s'y opposerait ou créerait des difficultés à l'arpenteur dans son travail sera puni d'une amende ne pouvant excéder £ 25.

Art. 80. — Les arpenteurs seront tenus de fournir au Ministre des Mines et au *surveyor general* une copie de tous les plans faits par eux pour les compagnies, syndicats ou particuliers de façon qu'ils soient en possession de tous les renseignements relatifs aux mines.

Art. 81.

1° Tout individu qui contreviendra aux prescriptions des articles 74, 75 et 76 ou qui n'enverra pas ses plans dans le délai fixé sera puni d'une amende ne pouvant excéder £ 15.

2° Si l'amende n'est pas payée dans le délai fixé, le renouvellement de la licence sera retardé jusqu'à l'époque du payement.

Au moment de la sentence il pourra être fixé un délai pendant lequel l'envoi des plans devra être fait.

Art. 82. — Un claim d'alluvions pour la recherche du métal précieux aura 150 pieds sur 150 et sera limité par des piquets visibles et par des fossés indiquant la direction des côtés.

Un claim pour la recherche des pierres précieuses aura 30 pieds sur 50.

Un claim de *reef* quartzeux aura 150 pieds de long (c'est-à-dire dans la direction du *reef*) sur 400 pieds de large; chaque claim formera donc un rectangle et la largeur pourra en être prise à volonté sur l'un ou les deux côtés du *reef*.

Pour les *reefs* de quartz, deux piquets placés au centre suffiront pour les indiquer pendant les sept premiers jours.

A l'expiration de ce délai ils devront être délimités par des piquets fixés aux angles et leur direction devra être indiquée par des bornes.

En cas d'amalgamation de blocs de claims sur un *reef* quartzeux, quatre piquets d'angle pour chaque bloc seront suffisants; mais le nom de chacun des propriétaires des claims ou blocs devra être lisiblement inscrit sur chaque piquet, ainsi que la date de l'amalgamation.

Nul n'aura le droit d'enclore son claim ou *mynpacht* sans avoir préalablement adressé une demande écrite d'autorisation au Ministre des Mines qui l'accordera d'accord avec le gouvernement, et en aucun cas le terrain enclos ne pourra être plus étendu qu'il n'est nécessaire pour la protection des travaux contre l'encombrement et la gêne des ouvriers.

L'usage des ronces métalliques comme clôture ou dans tout autre but est prohibé sur les terrains proclamés et les terrains de prospection aussi bien que sur les terrains voisins des mines.

Toute clôture posée sans autorisation ou sans qu'il puisse en être accordé conformément aux présentes, sera enlevée par le concessionnaire du terrain; faute de quoi elle le sera, aux frais de celui-ci, par le gouvernement.

Les contraventions à cet article seront punies d'une amende ne pouvant excéder £ 25 et, à défaut de payement, d'un emprisonnement conformément à l'article 8 de la présente loi.

Art. 83. — Les piquets ou bornes aux angles d'un claim ne devront pas avoir plus de 2 pieds au-dessus du sol, ni moins de 2 pouces de diamètre.

Quand la nature du terrain le permettra, une tranchée à angle droit devra être creusée près des piquets pour indiquer la direction des limites des claims. Ces tranchées devront avoir une longueur de 3 pieds de chaque côté, une largeur de 6 pouces et une profondeur de 1 pied. Les côtés d'un claim ou d'un bloc de claims amalgamés seront indiqués en outre par des bornes placées sur les limites, de distance en distance, de façon qu'elles soient visibles de l'une à l'autre, ou par d'autres signes apparents.

A chaque coin des claims ou des blocs amalgamés sera placé un écriteau d'au moins 9 pouces carrés, sur lequel devra être inscrit d'une façon lisible, imprimé, gravé ou peint, le numéro officiel donné par l'inspecteur des claims, ainsi que le nom de la mine, le nom du ou des possesseurs des claims, la date de la délimitation et de la licence. Si l'inspecteur des claims découvre que quelques dispositions, contenues dans cet article, ont été violées, il aura le droit d'imposer au contrevenant une amende de sh. 2,6 au moins et de £ 5 au plus par claim, soit isolé, soit dans un bloc amalgamé. Il devra en faire notification au propriétaire du ou des claims ou à ses représentants en même temps qu'il en avisera le Commissaire des Mines. L'individu ainsi puni d'amende aura le droit, durant huit jours, de faire appel devant le *Landdrost*, s'il en existe un; en cas contraire, devant le Commissaire des Mines. S'il n'est pas interjeté appel dans ce délai et si l'amende n'est pas payée au bureau du Commissaire des Mines, celui-ci ne devra pas renouveler la licence pour les claims qui ont été l'objet d'une violation de la loi, jusqu'à ce que l'amende ait été payée. L'article 89 sera applicable dans cette circonstance.

Art. 84. — Le terrain compris dans l'intérieur des piquets ou bornes d'un claim ou d'un *mynpacht* ne peut pas être délimité.

Dans le cas où un claim ou un *mynpacht* délimité serait plus étendu que le terrain accordé ou ne serait pas conforme au plan fourni, le gouvernement pourra, suivant les circonstances, ordonner que les bornes soient déplacées ou que le plan soit rectifié, ou, s'il le juge bon, que le surplus du terrain, *mynpacht*, droit d'eau, etc., soit donné sous licence, ou enfin prendre telles dispositions et mesures qui lui paraîtront utiles.

Art. 85. — Le concessionnaire d'une licence peut réclamer une portion du surplus du terrain situé dans les limites ou sur les côtés des piquets et bornes de ses claims ou *mynpachts*, en soumettant un plan dudit terrain. Le Commissaire des Mines, ou le clerc responsable compétent, auquel ces demandes seront faites devra rendre sa décision suivant les circonstances. Cette décision pourra être portée en appel devant le Ministre des Mines.

L'étendue d'un semblable terrain n'est pas fixée, mais elle ne pourra dépasser le nombre de pieds superficiels fixé par la présente loi. En outre ce terrain doit être représenté par un blanc porteur de la licence.

Art. 86. — Toutes les fois qu'un mineur sur des terrains publics désire abandonner son ou ses claims dans le but de porter ses investigations sur un ou des nouveaux claims, il aura le droit de le faire, pourvu qu'il retire les piquets des claims abandonnés et place sur le terrain un avis indiquant qu'il est abandonné. Le même avis doit être adressé au Commissaire des Mines ou au clerc responsable, à défaut de quoi le mineur sera passible d'une amende ne pouvant excéder £ 10, ou d'un emprisonnement de 14 jours à 3 mois avec ou sans *hard labour*.

Le Commissaire des Mines ou le clerc responsable a le droit de refuser la délivrance de licences sur les claims abandonnés pendant les 7 jours qui suivent l'avis donné, s'il soupçonne que l'abandon a eu lieu dans le but d'éviter le payement des droits de transfert ou si le claim est tenu par un fondé de pouvoirs dans le but de les aliéner à celui qui les tient.

Avant la concession de ces claims, il doit faire une enquête et devra refuser de les concéder dans les cas ci-dessus. Ils seront alors vendus aux enchères au profit de l'Etat.

Le renouvellement d'une licence de prospection ou de mine peut être refusé par le Commissaire des Mines ou le clerc responsable quand des claims ont été délimités sur un terrain où, en vertu des articles 121 et 15 de la présente loi, il est interdit de prospecter et de miner, ou sur les lieux qui, suivant l'opinion du Commissaire des Mines ou du clerc responsable, sont indiscutablement la propriété légale d'autres personnes.

Art. 87. — Aucun propriétaire de claims de *reefs* supérieurs n'aura le droit de nuire à celui qui exploiterait en dessous de lui, soit en lui dérobant des matériaux, soit en le gênant ou en l'encombrant.

Le Commissaire des Mines ou son clerc responsable peut concéder des *bewaarplaatsen* de 200 pieds superficiels moyennant le payement de sh. 2,6 par mois et par *bewaarplaats*. Autant que possible ces *bewaarplaatsen* seront sur des terrains ne contenant pas de minerai. Ils seront accordés sur demande formulée par écrit et dans les conditions où cela sera nécessaire pour les dépôts des *tailings* ou des résidus de la batterie, pour l'établissement des bassins réservoirs, dépôts de quartz et pour tout ce qui peut être utile à l'exploitation des mines et n'est pas réglementé par la présente loi.

Les dispositions de l'article 106, relatives aux payements qui ne sont pas faits en temps utile des licences de claims, sont applicables à cet article.

Les pétitionnaires doivent envoyer aux fonctionnaires sus-désignés, et dans le mois qui suit la concession du terrain, les plans établis en triple expédition, le tout conformément à l'article 74 de la présente loi.

Art. 88. — Sur les terrains proclamés, le Commissaire des Mines aura le droit de fixer les endroits où la prospection doit être faite pour les licences de prospection, et aussi les endroits pour lesquels peuvent être accordées des licences minières.

Le Commissaire pourra, quand la demande lui en sera faite, convertir les licences minières en licences de prospection après avoir ouvert une enquête et après la réception du rapport établi par l'inspecteur des claims. S'il se trouve des concessionnaires de terrains sous licences minières qui n'exploitent pas ces terrains (au gré du Commissaire des Mines) dans le but de découvrir les pierres ou métaux précieux, le Commissaire des Mines pourra leur retirer leurs licences.

A quelque époque que ce soit, il devra considérer comme suffisante l'exploitation d'un des blocs de claims. Cette disposition ne sera cependant pas applicable aux claims primitivement tenus sous licences minières.

Au cas où les propriétaires de licences seraient en désaccord avec le Commissaire des Mines, sa décision peut être portée en appel devant le gouvernement, par l'entremise du Ministre des Mines, dans un délai de trente jours, le gouvernement jugera en dernier ressort suivant le rapport du Ministre des Mines.

Tout *Landdrost* peut délivrer des licences de prospection sur les terrains situés dans son district, excepté sur les terrains proclamés ou sur les terrains de prospection qui ont un Commissaire des Mines.

Art. 89. — Si une licence minière ou de prospection n'est pas renouvelée à la date de son expiration ou auparavant, les claims dont elle est l'objet ne pourront être concédés à d'autres personnes ; ils feront retour au gouvernement et seront distribués comme suit :

Durant les trois mois qui suivront l'expiration, le propriétaire précédent pourra recouvrer son droit sur ces claims en prenant une nouvelle licence et en payant une somme égale au double du montant de la licence payable pour le nombre de jours écoulés depuis l'expiration de la licence précédente. Au cas où de nouvelles licences seront prises par le précédent propriétaire, dans les quatorze jours à dater de l'expiration, il ne sera payé qu'une licence simple pour cette période. A l'expiration dudit délai de trois mois, le Ministre des Mines devra vendre ou faire vendre ces claims par adjudication publique. Avis de cette vente devra être donné, au moins quatorze jours avant sa date, par une annonce faite dans le *Staats Courant*. Au cas où lesdits claims n'auraient pas été vendus dans le mois qui suit l'expiration du délai de trois mois, ils peuvent être à nouveau délimités par le public. Ces dispositions seront applicables à tous les claims abandonnés au moment où la présente loi entrera en vigueur.

Art. 90. — Pour les claims d'alluvions, une garantie sera accordée en cas de maladie ou dans les circonstances spéciales que le Ministre des Mines jugera nécessiter cette garantie. La durée en sera fixée suivant la nature des cas et rien ne devra être perçu pour cette garantie.

Art. 91. — Quiconque aura répondu à une convocation militaire ou à un appel pour préserver l'ordre et la paix publique aura une garantie pour son ou ses claims (de *reef* ou d'alluvions) durant la période où il sera sous les armes ou accomplira un service spécial, et, dans le cas d'une convocation militaire, cette garantie subsistera pendant les trente jours qui suivront la libération. Cette garantie sera accordée sans qu'il soit nécessaire d'en faire la demande pourvu qu'avis de la convocation ait été donné au Commissaire des Mines compétent.

Pendant la durée de cette garantie, le prix des licences ne pourra pas être réclamé.

Art. 92. — Une exemption provisoire pour les licences de claims (soit de *reef*, soit d'alluvions) pourra être accordée en cas de maladie, ou en raison de l'insalubrité du pays, quand le Ministre des Mines appréciera que cette raison est valable pour justifier l'exemption. Toute exemption de ce genre devra être, aussitôt que possible, notifiée au Ministre des Mines par le Commissaire des Mines, afin que le gouvernement statue en dernier ressort et qu'il confirme l'exemption ou l'annule.

La durée de l'exemption doit être fixée suivant la nature des cas et sans que rien puisse être perçu de ce chef.

Art. 93. — Des claims faisant partie de la succession d'une personne décédée conserveront leurs licences à moins que l'exécuteur testamentaire ne se conforme pas aux dispositions légales durant les trente jours qui suivent sa désignation, ou après la confirmation par le *Master*.

Mais, en cas de soumission aux dispositions de la présente loi, ces claims seront considérés comme actifs de la succession et seront attribués comme tels, conformément à la loi des orphelins.

Art. 94.— La possession d'une licence d'un claim n'entraîne pas le droit de disposer de la surface; ce droit est réservé par le gouvernement dans le but d'établir des routes ou autres ouvrages, sans cependant gêner l'exploitation du claim.

Art. 95. — Tout individu exploitant une mine d'or ou autre, en son nom ou au nom d'un autre, devra produire sa licence à toute réquisition faite par toute personne qui en a le droit ou par un fonctionnaire autorisé par le gouvernement, faute de quoi il sera puni d'une amende de £ 1 à £ 3.

Art. 96. — Tout blanc qui désire construire un magasin, une maison ou une habitation sur un terrain proclamé ou de prospection, devra en faire la demande au Commissaire des Mines pour l'étendue d'une ou plusieurs licences. Chaque licence donnera droit à un terrain de 50 pieds sur 50 dans un endroit approuvé par le Commissaire des Mines, mais sans que cela cause aucune gêne aux mineurs sur un territoire contenant des pierres et métaux précieux. Le gouvernement pourra, quand il le jugera bon, concéder sous licence des surfaces de plus grandes dimensions.

Ces terrains accordés sous licences (mensuelles ou annuelles au choix du postulant) seront renouvelables mensuellement ou annuellement, faute de quoi ils feront retour au gouvernement. La taxe d'une licence de terrain sur une portion de 50 pieds sur 50 sera de sh. 7,6 par mois. Le gouvernement fixera suivant les circonstances la taxe des terrains de plus grandes dimensions.

Art. 97. — Ces licences d'emplacement (mensuelles ou annuelles, au choix du postulant) devront être renouvelées mensuellement ou annuellement. Au cas où une licence d'emplacement ne serait pas renouvelée en temps utile, le propriétaire de la licence pourra reprendre l'emplacement durant une période de six mois, à dater de l'expiration, et sous une nouvelle licence contre le payement de tout l'arriéré des licences. Pour chaque emplacement il sera perçu une somme égale au double du montant des licences payables pour le nombre de jours écoulés depuis l'expiration de la précédente licence. Cependant, durant le premier mois qui suivra, il n'y aura à payer que l'arriéré de la licence. Si lesdits emplacements ne sont pas obtenus à nouveau par le concessionnaire primitif, durant la période de six mois fixée, le Ministre des Mines, par l'entremise du Commissaire des Mines, devra vendre lesdits emplacements par adjudication publique. Avis de cette vente devra être donné au moins un mois à l'avance par une annonce faite dans le *Staats Courant*. Si le montant de la vente excède l'arriéré des licences, le surplus sera remboursé au propriétaire précédent. Si les emplacements ne peuvent être vendus, ils demeureront à la disposition du gouvernement.

Art. 98. — Quand, sur des fermes particulières proclamées, seront situés des emplacements tenus sous licence et qui formeront ensemble un village, suivant l'opinion du gouvernement, il sera perçu une taxe spéciale de sh. 2,6 par mois et par emplacement. Le payement devra en être effectué en même temps que celui des licences pour emplacement et le reçu sera fait à même temps pour les deux payements.

Au cas où la taxe sur un emplacement ne serait pas versée à temps, le renouvellement de la licence pourra être refusé.

Art. 99. — Pour faire le transfert et l'enregistrement des portions d'emplacement il doit en être déposé un plan, approuvé de l'arpenteur du bureau où l'enregistrement doit être effectué. Ces portions d'emplacement seront considérées et enregistrées comme emplacement distinct, et il sera dû pour ces licences distinctes une somme de sh. 3,9 par mois.

La taxe entière de sh. 2,6 établie par l'article 98 sera due pour ces portions d'emplacement.

Art. 100. — L'enregistrement et le transfert des claims et emplacements auront lieu au bureau du Commissaire des Mines ou du clerc responsable.

Art. 101. — Toute Compagnie ou tout individu important du matériel pour exploiter un ou plusieurs claims aura le droit de l'installer sur ses propres claims sans payer de taxe. En outre de son ou de ses emplacements ordinaires il pourra l'installer sur des emplacements de 150 pieds superficiels, dans un endroit qui est supposé ne pas contenir de pierres ou métaux précieux. Ces derniers emplacements seront obtenus moyennant une licence de sh. 2,6 par mois dans des endroits tels que les tiers ne soient pas gênés dans l'exercice de leurs droits.

Art. 102. — Aucun noir ne pourra être propriétaire de licences pour l'exploitation des mines excepté s'il travaille pour le compte des blancs.

Enregistrement spécial.

Art. 103. — Tout claim minier et tout bloc de claims amalgamés peut être spécialement enregistré de la façon établie ci-dessous.

Art. 104. — Tout individu désirant que ses claims soient spécialement enregistrés peut en faire la demande au Commissaire des Mines compétent dans la forme prescrite ci-après.

Ces demandes doivent porter un timbre, conformément à l'article 72, et être accompagnées d'un plan établi par un arpenteur reconnu. La demande et le plan resteront au bureau du Commissaire des Mines durant un mois pour être examinés par le public.

Le Commissaire des Mines devra notifier au postulant, dans la forme ci-après, la date fixée pour l'examen de sa demande. Un délai de un mois au moins doit exister entre la date de la notification et celle de la décision relative à la demande. Cette notification sera faite une fois dans le *Staats Courant* et deux fois dans un journal local, s'il en existe.

Le Commissaire des Mines peut faire droit à la demande si aucune opposition n'est faite avant la date fixée pour la décision relative à la demande et si le postulant s'est en tous points conformé à la loi. L'enregistrement spécial a lieu comme il est établi ci-après. Les oppositions doivent porter un timbre de sh. 5, conformément à l'article 72.

S'il est déposé une opposition avant la date fixée, entre les mains du Commissaire des Mines, l'enregistrement spécial ne pourra pas être accordé provisoirement.

L'opposant doit remplir les formalités légales contre le postulant dans les dix jours qui suivent la notification, faute de quoi l'opposition ne sera pas valable. Elle peut être faite sous la forme d'une pétition. C'est le fonctionnaire chargé de l'exécution des lois civiles dans la contrée qui sera compétent en cette matière et qui devra prendre relativement à l'enregistrement spécial telle décision qu'il jugera convenable.

Au cas où l'enregistrement spécial d'un ou de plusieurs claims serait accordé, l'enregistrement sera fait sur un registre ouvert spécialement à cet effet et dans la forme qui sera prescrite par le Ministre des Mines.

Un certificat d'enregistrement spécial sera délivré dans la forme ci-après établie.

Ce certificat devra porter des timbres dont la valeur sera calculée à raison de sh. 10 par claim.

Aucun certificat ne pourra être délivré s'il est dû quelque somme sur le ou les claims.

Art. 105. — Le Commissaire des Mines ne sera pas autorisé à échanger en claims de prospection les claims spécialement enregistrés (sur lesquels est gagée une obligation).

Art. 106. — L'article 89 n'est pas applicable aux claims spécialement enregistrés.

Si le payement des licences minières sur ces claims est arriéré de six mois ou plus, le Commissaire des Mines devra réclamer ce payement dans le *Staats Courant* et, si le gouvernement le juge bon, dans un journal local.

Le Commissaire des Mines devra faire cette demande immédiatement après l'expiration des six mois.

Au cas où tous les payements de licences dues ne seraient pas effectués dans les trois mois qui suivent la demande faite par le Commissaire des Mines, le gouvernement pourra vendre le ou les claims de la façon qu'il décidera.

La date de la vente devra être publiée dans le *Staats Courant* au moins quatorze jours à l'avance, et si le gouvernement le juge bon elle pourra aussi être publiée dans un journal de la localité.

Le montant des sommes dues au gouvernement sera d'abord prélevé sur le prix de vente. Ce montant comprendra une somme de £ 2,10,0 par claim pour amende et frais.

Art. 107. — L'article 106 sera également applicable aux claims miniers ou aux blocs amalgamés de claims miniers pour lesquels une demande d'enregistrement spécial aura été faite, conformément à l'article 104, mais provisoirement, jusqu'à ce que ladite demande ait été acceptée ou refusée.

Art. 108. — Il peut être donné hypothèque sur des claims spécialement enregistrés comme sur les propriétés immobilières. Dans ce cas les mêmes dispositions seront applicables que pour les hypothèques sur propriétés immobilières, par exemple les dispositions relatives aux droits des créanciers, aux ventes en exécution, à la forme des actes hypothécaires et aux personnes chargées de les dresser. Les droits de timbre sont fixés conformément à la loi sur les immeubles.

Bezitrecht.

Art. 109. — Les emplacements sur terrains proclamés peuvent être spécialement enregistrés de la manière prescrite par les présentes pour les claims miniers. Cependant aucune publication n'est nécessaire et le Commissaire des Mines peut immédiatement accorder l'enregistrement spécial et en délivrer un certificat, si aucune opposition n'est faite.

Art. 110. — Les dispositions de l'article 106 relatives aux claims spécialement enregistrés sont applicables au payement des licences sur les emplacements spécialement enregistrés.

Art. 111. — Les emplacements spécialement enregistrés peuvent être hypothéqués exactement dans les conditions prescrites par la présente loi pour les claims spécialement enregistrés.

Art. 112. — Les *bezitrechten* accordés conformément à la loi ne pourront être contestés légalement à moins que les possesseurs ne les aient obtenus par fraudes.

Art. 113. — Le gouvernement pourra, d'accord avec le Ministre des Mines ou sur avis de lui, donner ordre au *surveyor general* de faire mesurer les terrains et ce après notification faite au moins six semaines à l'avance, dans la forme prévue par l'article 114 au paragraphe 2. Ils seront mesurés de la même manière que tout droit d'eau, *mynpacht*, cours d'eau, claim minier ou bloc de claims miniers et tous autres droits ou *vergunning* utiles à l'exploitation des mines. Il en sera fait un plan séparé et un plan d'ensemble.

Ces plans seront approuvés par le *surveyor general*, conformément à l'article 75. Une fois ces plans approuvés et signés, aucune contestation ne pourra être prise en considération par quelque Cour que ce soit relativement aux limites fixées par cet arpentage. S'il apparaît que l'un de ces plans soit inexact, il peut être modifié ou annulé par la Haute Cour et un nouveau plan devra alors être approuvé dans les formes ordinaires. Cette annulation aura lieu conformément à la loi n° 9 de l'an 1881, articles 6 et 7 (loi sur l'arpentage général).

Art. 114. — Après cet arpentage, et aussitôt que possible, le Commissaire des Mines compétent devra publier un avis contenant le nom du propriétaire ou du possesseur de ces droits, la description des droits, le numéro du plan y correspondant et en même temps demandant à tous ceux qui auraient à faire des oppositions de les formuler.

Cet avis devra être publié dans le *Staats Courant* pendant trois mois et affiché durant la même période dans les bureaux du Commissaire des Mines sous la juridiction duquel se trouve le terrain, ou dans les bureaux du *Landdrost* le plus voisin, et le ou les plans y correspondant devront être mis à la disposition du public qui pourra les examiner au bureau du Commissaire des Mines.

Art. 115. — Si aucune opposition n'est faite durant le délai fixé, le Commissaire des Mines devra délivrer à la personne y ayant droit le plan approuvé par le *surveyor general*, conformément à l'article 75, enregistré et signé, et, en outre, un certificat de *bezitrecht* dans la forme qui sera prescrite par le Ministre des Mines.

Art. 116. — S'il est déposé des oppositions, le Commissaire des Mines fixera le jour où il les examinera.

Sa décision devra mettre en possession des droits celui à qui ils appartiennent suivant lui. Au cas où l'une des parties n'accepterait pas sa décision, elle devra intenter une action devant la Haute Cour ou la Cour du district durant les trois mois qui suivront, à défaut de quoi la décision du Commissaire des Mines sera considérée comme définitive et le plan, ainsi que le certificat de *bezitrecht*, sera délivré conformément à cette décision.

Art. 117. — Si une action a été intentée, le Commissaire des Mines délivrera le plan et le certificat de *bezitrecht*, conformément au jugement de la Cour.

Art. 118. — Les personnes intéressées seront tenues de retirer des duplicata des plans approuvés durant les deux mois qui suivront la réception de l'avis du Commissaire des Mines et ce contre le payement d'une somme qui sera fixée par le gouvernement, proportionnellement aux frais qui lui incomberont de ce chef.

Quiconque négligerait de retirer les plans dans le délai de deux mois, conformément à cette prescription, serait passible d'une amende ne pouvant être supérieure à £ 10. Le Commissaire des Mines les avisera que, faute par eux de retirer les plans dans le délai d'un mois à dater de la condamnation à l'amende, le renouvellement de leurs licences et la confirmation de leurs droits pourront leur être refusés.

Art. 119. — Un *bezitrecht* comprend tous les droits sous les *vergunning*, contrats ou licences obtenus et peut être dûment transféré en totalité ou en partie par la personne qui a obtenu le droit. Ce *bezitrecht* sera inattaquable.

Art. 120. — Toute personne ou Compagnie en possession d'un claim, bloc de claims, droit d'eau, routes, emplacements de machines, *bewaarplaatsen* ou cours d'eau peut adresser au Ministre des Mines une demande écrite, régulièrement signée et timbrée, accompagnée d'un croquis ou, si possible, d'un plan des claims, droits d'eau, etc., dressé par un arpenteur agréé, réclamant pour ses ou pour leurs claims un certificat de *bezitrecht*. Dans ce cas, le Ministre des Mines devra faire faire une enquête sur ces claims. S'il apparaît que la preuve légale et régulière de *bezitrecht* est défectueuse en raison de :

(*a*) Transfert qui n'aurait pas été donné,

(*b*) Quelque défaut de juridiction ou de compétence de la personne par qui le transfert aurait été donné ou prétendu donné,

(*c*) La mort ou l'absence de la personne au nom de qui les droits en litige auraient été enregistrés,

(*d*) L'incapacité pour quelque autre cause que ce soit du détenteur de la propriété pour laquelle est demandé un certificat de *bezitrecht* conformément à la loi,

(*e*) Claims originairement obtenus d'une autorité défectueuse ou fausse ou autrement, pourvu que le pétitionnaire du *bezitrecht* n'ait pas été complice de cette autorité et que sa possession soit de bonne foi ;

Le Commissaire des Mines pourra délivrer au pétitionnaire le certificat de *bezitrecht* signé de lui.

Avant la délivrance de ce certificat de *bezitrecht*, le pétitionnaire devra d'abord fournir la preuve que sa possession et jouissance n'est pas contestée et qu'il peut légalement réclamer les droits pour lesquels est faite la demande.

Au cas où les droits du pétitionnaire ne seraient pas prouvés, le Commissaire des Mines ne pourra lui délivrer immédiatement le certificat de *bezitrecht;* il devra publier un avis invitant à adresser dans le délai de trois mois les oppositions à la délivrance du certificat.

Cet avis sera publié trois fois en hollandais dans le *Staats Courant* et au moins une fois dans le journal de la localité, s'il en existe. Il indiquera d'une façon aussi exacte que possible la situation de la propriété, la nature des droits dont il s'agit, le nom du pétitionnaire et, au cas où une personne serait enregistrée comme détenteur de ces droits, le nom de cette personne.

Si aucune opposition n'est faite pendant ce délai de trois mois, la décision du Commissaire des Mines sera définitive,

Si des oppositions sont faites, c'est le Commissaire des Mines qui statuera. Il le fera conformément à l'article 116.

Sur les certificats de *bezitrecht* pour des claims ou blocs de claims, les droits de timbre seront de s. 5 par claim. Sur les autres certificats de *bezitrecht*, il sera apposé un timbre de sh. 10.

Droits miniers.

Art. 121. — Il est interdit de prospecter et de miner sous les villes, villages, terrains à bâtir, squares publics, rues, routes, chemins de fer, cimetières, *erven*, jardins, *bewaarplaatsen*, emplacements de machines, droits d'eau, dépôts de *tailings* et tels autres endroits qui pourront étre désignés par le Commissaire des Mines, conformément aux articles 15 et 16.

Les articles qui suivent, 122, 123, 124, 125, 126, 127 et 128, *ont été ajournés pour un an par le premier* Raad, *et par conséquent ils n'ont pas force de loi.*

Art. 122. — Le gouvernement aura cependant la liberté d'accorder des droits miniers sur les emplacements énumérés à l'art. 121 et ce conformément aux règlements édictés par le Ministre des Mines avec l'approbation du gouvernement et la confirmation du second *Volksraad*. Le droit de miner sous les cimetières ne pourra jamais être accordé.

Art. 123. — Ces droits seront l'objet d'une enquête faite par une commission composée du Ministre des Mines et de deux personnes impartiales, nommées par le gouvernement. Le rôle de cette commission sera de faire des enquêtes dans les régions aurifères et d'indiquer au gouvernement son avis relativement aux mines. Le gouvernement prendra des décisions à ce sujet, mais en aucun cas aucun acte ne pourra être fait avant la confirmation par le second *Raad* des dispositions mentionnées à l'art. 122.

Art. 124. — Ces droits seront accordés :

1° Au propriétaire ou détenteur de bonne foi d'emplacements avec constructions, stations de machines et droits d'eau ;

2° Au propriétaire ou détenteur de droits sur la surface, quand la chose sera équitable ;

3° Dans les cas suivants :

Sur un terrain privé proclamé et sur un terrain du gouvernement, le gouvernement disposera de ces droits sous forme de baux et ces baux seront mis en adjudication publique. Avis en sera donné en temps opportun dans le *Staats Courant*. Ces endroits seront exploités sous licences minières. La moitié du produit de ces baux et les prix de licence sur terrain privé sera attribuée au propriétaire de la ferme ou de la partie de ferme ou à ses représentant et l'autre moitié sera attribuée à l'Etat.

Art. 125. — Quand il s'agira de squares publics, rues, routes, chemins de fer et autres endroits semblables, une publication et une proclamation de trois mois seront faites conformément à l'art. 41 de la présente loi, avant que les droits miniers soient accordés.

Art. 126. — Quiconque aura obtenu l'autorisation écrite du gouvernement de faire des travaux de mine, autorisation obtenue par bail ou autrement, devra durant le délai qui sera fixé par le gouvernement fournir des garanties suffisantes au gouvernement et au propriétaire de la surface.

Art. 127. — Le payement de ces terrains se fera comme celui des claims, conformément à l'art. 124 de la présente loi.

Le montant en sera fixé suivant l'étendue de la surface du terrain obtenue pour miner. Les licences devront être prises immédiatement après que ces droits auront été accordés.

Art. 128. — Des dispositions pour la sécurité du travail dans les mines seront établies par l'Ingénieur des Mines de l'Etat, d'accord avec le Ministre des Mines et après l'approbation du gouvernement; elles auront force de loi jusqu'à la prochaine session du *Raad* qui y fera tous les amendements qu'il jugera bon.

Droits d'eau.

Art. 129. — Les propriétaires riverains n'auront aucune action contre le gouvernement, contre des mineurs ou Compagnies minières ou autres personnes ou Compagnies se livrant à l'exploitation des mines sous la protection des lois du pays pour les dommages provenant de la pollution des eaux de rivières et cours d'eau par le fait de l'exploitation des mines.

Le gouvernement devra cependant prendre des mesures et imposer certaines conditions relativement à la pollution des rivières et cours d'eau.

Art. 130. — Au sujet du partage de l'eau la faculté est laissée au Commissaire des Mines de chaque district, sous la réserve de l'approbation du gouvernement et après l'approbation du Ministre des Mines, d'édicter tels règlements qui lui sembleront équitables et rationnels suivant les circonstances locales, en prenant en considération les droits des propriétés privées.

Il est expressément établi que sur les terrains publics les mineurs n'auront aucun droit de propriété sur l'eau de quelque rivière, cours d'eau ou canal que ce soit. Ils auront seulement un droit d'usage conformément à la loi et aux règlements. Dans le cas où certaines circonstances rendraient exigible le payement de dommages, il ne devra jamais être tenu compte de la valeur de l'eau.

Le gouvernement peut, par convention, accorder des droits d'eau spéciaux sur les terrains du gouvernement, et aussi, dans l'intérêt public, sur des terrains privés proclamés.

Art. 131. — Les propriétaires de *mynpachts* et de claims miniers régulièrement développés auront le droit d'obtenir des droits d'eau.

Ceux qui font le traitement des *tailings* auront le droit d'obtenir et d'employer la quantité d'eau qui sera déterminée par le gouvernement après avis du Ministre des Mines.

Art. 132. — S'il est prouvé que des illégalités se sont produites, par exemple, si au moment de la concession des droits ces droits n'étaient pas relatifs à des claims, *mynpachts*, ou droits de traiter des *tailings*, ou encore si ces droits miniers pour lesquels la concession des droits d'eau a été accordée sont expirés, il ne pourra être délivré de certificat de *bezitrecht* et elles ne seront pas confirmées par le Ministre des Mines.

Art. 133. — A l'avenir, aucun droit d'eau ne sera accordé sur un terrain proclamé à moins qu'ils ne soient relatifs à des claims, *mynpachts*, ou aux droits de traiter les *tailings*, si ce n'est avec l'autorisation expresse du gouvernement.

Art. 134.— Les demandes de droits d'eau doivent être faites au Commissaire des Mines et toute demande devra porter un timbre de s. 5 et être accompagnée des plans en quadruple expédition, dressés par un ingénieur ou arpenteur reconnu, et, de plus, des annexes et pièces particulières que le Commissaire des Mines peut exiger conformément à l'article 9 des instructions des inspecteurs des claims. Les plans doivent être certifiés exacts par l'inspecteur des claims.

Les demandes devront être faites dans telles formes qui seront prescrites par le Ministre des Mines, et tous les détails exigés devront être indiqués sur les plans.

Art. 135. — Un avis de ces demandes sera publié trois fois dans le *Staats Courant*, et une fois par le pétitionnaire dans un journal de la localité, s'il en existe un; cet avis devra être publié par les soins du Commissaire des Mines et dans la forme déterminée par le Ministre des Mines.

La demande et les plans devront être déposés au bureau du Commissaire des Mines compétent, durant un mois, afin qu'ils puissent être examinés par les intéressés. Ceux-ci peuvent durant cette période remettre leurs oppositions entre les mains du Commissaire des Mines.

Si, après avoir entendu les parties, il juge que ces oppositions ne sont pas recevables, il pourra faire droit à la demande.

Quand plusieurs pétitionnaires réclament le même droit d'eau, le Commissaire des Mines, après avoir entendu les parties, désignera celui à qui il devra être accordé.

L'appel contre la décision du Commissaire des Mines devra être porté dans les quatorze jours devant le Ministre des Mines, et le jugement de celui-ci sera définitif.

Art. 136. — Toute concession de droits d'eau doit être envoyée au Ministre des Mines, accompagnée d'une copie de la demande, des plans et du rapport du Commissaire des Mines, appuyant la délivrance de la concession ou la combattant et indiquant la valeur des oppositions s'il en existe.

A l'avenir, aucun droit d'eau ne pourra être considéré comme valable s'il n'a été approuvé par le Ministre des Mines ou octroyé dans un certificat de *bezitrecht*.

Art. 137. — Il sera payé s. 1 par mois et par cheval-vapeur sur chaque droit d'eau où se trouvent des moteurs quand ils ne dépasseront pas la force de dix chevaux. Au-dessus de dix chevaux il sera payé s. 2.6 par mois et par cheval.

Art. 138. — A l'expiration de la jouissance des claims, *mynpachts* ou droits de traiter les *tailings*, les droits d'eau accordés pour l'exploitation prendront également fin. Cependant le propriétaire de ces droits d'eau aura, pendant le mois qui suivra l'expiration, la faculté de les renouveler dans le but d'exploiter d'autres claims, *mynpachts* ou droits de traiter les *tailings* qui lui appartiendraient, s'il en fait la demande dans la forme ordinaire.

Un droit d'eau peut également être déclaré forfait par le Ministre des Mines, sur la proposition du Commissaire des Mines, si pendant deux années de la concession le matériel pour lequel le droit d'eau a été demandé n'est pas en marche, ou si le droit d'eau n'a pas été régulièrement utilisé.

Art. 139. — Aucun propriétaire de claim ne pourra barrer ou détourner un cours d'eau pour son propre usage au détriment des autres propriétaires de claims, à moins qu'il ait obtenu un droit d'eau, conformément à la présente loi. Ces dispositions ne s'appliquent pas à l'eau obtenue d'une façon spéciale.

Droits sur le bois à brûler et autres bois.

Art. 140. — Il peut être accordé des autorisations de couper et emporter des bois à brûler ou autre bois sur les terrains du gouvernement à raison de £ 1 par wagon, s. 7.6 par charrette écossaise et 6 d. par fagot pouvant être porté à dos d'homme.

Lesdites autorisations peuvent être accordées par le Commissaire des Mines ou le clerc responsable sur les terrains du gouvernement. En ce qui concerne les fermes privées, ces autorisations peuvent être accordées par les propriétaires.

Les mineurs, sur leurs claims ou portions de terrains plantés de bois, n'ont le droit de le couper, ni pour le vendre, ni pour l'emporter. En ce qui concerne les fermes privées, les prix fixés ci-dessus seront payés aux propriétaires.

Toute personne ayant coupé ou emporté du bois sans autorisation sera punie d'une amende de £ 2 ou d'un emprisonnement d'une semaine pour chaque contravention, et, en outre, elle devra payer l'indemnité réclamée pour le bois coupé ou emporté.

Art. 141. — Tout blanc aura cependant la faculté d'avoir gratuitement du bois sur les terrains du gouvernement pour son usage personnel et celui de sa famille. Cette autorisation devra lui être donnée par le Commissaire des Mines, le clerc responsable, le juge de paix ou le *Fieldcornet* et elle devra être renouvelée chaque mois.

Dispositions diverses.

Art. 142. — Tout individu qui coupera par un fossé une route ou un sentier devra y établir un pont convenable, faute de quoi tout particulier ou tout fonctionnaire pourra faire combler le fossé. Le contrevenant sera en outre puni d'une amende de £ 1 à £ 10 et, à défaut de payement, d'un emprisonnement, conformément à l'article 8.

Tout individu qui, dans quelque autre but, détériorera route ou sentier sera passible de la même amende.

Art. 143. — Tout individu qui prendra du quartz dans un claim ou *mynpacht* appartenant à une autre personne sera responsable du dommage causé et devra payer trois fois la valeur de ce qu'il aura pris, sans préjudice des poursuites auxquelles il sera exposé.

Art. 144. — Tout individu coupable d'avoir changé ou détruit les bornes d'un claim sera puni d'une amende ne pouvant excéder £ 100 et, à défaut de payement, d'un emprisonnement, conformément à l'article 8.

Art. 145. — Tout individu coupable d'avoir volontairement détérioré une mine, un claim, du matériel, un cours d'eau ou autres propriétés ou possessions minières, ou coupable d'avoir tenté de commettre les mêmes délits, sera puni d'une amende de £ 100 à £ 1.000 ou d'un emprisonnement avec *hard labour* pour une durée de un an à 10 ans, suivant les circonstances.

Art. 146. — Tout individu coupable d'avoir sciemment exploité des claims appartenant à d'autres personnes sera puni d'une amende de £ 25 à £ 100 par claim exploité ou d'un emprisonnement, conformément à l'article 8.

Art. 147. — Tout mineur, tout habitant et porteur de licences devra, quand il en sera requis, prêter son concours pour le maintien de l'ordre sous peine de la perte de la licence et d'une amende ne pouvant excéder £ 25.

Art. 148. — Tout individu résidant dans les limites d'un terrain proclamé qui sera coupable de révolte ou de rébellion contre le gouvernement ou les autorités établies dans la contrée sera puni, en outre des peines édictées par la loi pour ce crime, de la confiscation au profit de l'Etat de tous ses droits et de tous ses biens dans ladite région. Le ou les individus sur la dénonciation desquels une personne aura été convaincue des crimes ci-dessus recevront la moitié de la valeur de ces biens confisqués.

Art. 149. — Nul ne pourra faire le commerce des métaux précieux bruts ou amalgamés ni des pierres précieuses, c'est-à-dire ne pourra acheter, vendre, troquer ou échanger des pierres ou métaux précieux, bruts ou amalgamés, sans avoir une licence pour le faire. Cette licence sera payée £ 10 par an. Il est entendu que les mineurs ou les Compagnies ne seront pas tenus de demander cette licence pour la vente des métaux précieux bruts ou amalgamés, ni des pierres précieuses brutes, extraits par eux ou sur leurs ordres. Le gouvernement pourra annuler en partie ou en entier la première partie de cet article, relativement à un ou plusieurs métaux précieux amalgamés ou pierres précieuses.

Quiconque fera le commerce des pierres et métaux précieux, interdit ci-dessus, sans avoir la licence exigée sera puni d'une amende ne pouvant excéder £ 100 ou d'un emprisonnement avec ou sans *hard labour* ou les deux peines ensemble pour le premier délit; pour la première récidive, d'une amende ne pouvant excéder £ 200 ou d'un emprisonnement de 12 mois au plus avec ou sans *hard labour* ou des deux peines ensemble, et pour les récidives suivantes, d'amendes ou d'emprisonnement ou des deux peines ensemble conformément au jugement de la Cour.

Art. 150. — Quiconque sera trouvé en possession d'or amalgamé ou brut ou de pierres précieuses brutes sans pouvoir fournir la preuve qu'il les possède d'une façon légale sera puni, pour le premier délit, d'une amende de £ 500 au plus ou d'un emprisonnement ne pouvant excéder deux ans ou des deux peines ensemble, suivant les circonstances ; pour la première récidive, d'une amende ne pouvant excéder £ 1.000 ou d'un emprisonnement de trois ans au plus avec ou sans *hard labour* ou des deux peines réunies, et pour les récidives suivantes, d'amende ou d'emprisonnement ou des deux peines réunies conformément au jugement de la Cour, en outre de la confiscation au profit de l'Etat de l'or brut ou amalgamé ou des pierres précieuses brutes trouvés en sa possession.

Art. 151. — Tout marchand possesseur d'une licence pour le commerce des métaux précieux bruts ou amalgamés ou des pierres précieuses brutes devra tenir des livres indiquant ses opérations ainsi qu'il sera déterminé par le gouvernement et ledit marchand devra envoyer le premier de chaque mois au Ministre des Mines une copie de ces livres certifiée exacte sous la foi du serment et dans la forme qui sera prescrite par le gouvernement.

Le gouvernement pourra en tout temps examiner ces livres. Toute contravention à cet article sera puni d'une amende n'excédant pas £ 50 et, à défaut de payement, d'un emprisonnement, conformément à l'article 8.

Art. 152. — Les directeurs des banques, les boutiquiers, agents et toutes personnes qui vendent, achètent, échangent, détiennent, remettent en dépôt ou expédient de l'or brut, de l'or amalgamé ou allié seront tenus d'envoyer au bureau de l'Inspecteur des Mines compétent une déclaration ou duplicata des opérations faites par eux le mois précédent.

Dans le cas où il n'y aurait pas d'Inspecteur des Mines dans le voisinage de l'endroit où ont eu lieu les opérations, cette déclaration devra être envoyée au Commissaire des Mines, au clerc responsable ou au *Landdrost* du district.

Ces déclarations devront être faites dans la forme prescrite par l'Ingénieur des Mines de l'État.

Toute contravention à cette disposition sera punie d'une amende de £ 50 au plus ou, à défaut de payement, d'un emprisonnement de trois mois au plus. Les personnes tenues par cet article de fournir mensuellement leurs comptes peuvent obtenir les formules exigées un ou plusieurs mois à l'avance, en en faisant la demande, soit verbalement, soit par écrit, au bureau des fonctionnaires à qui la déclaration doit être envoyée; elles sont donc responsables au cas où elles ne seraient pas en temps voulu en possession de ces formules.

Ces déclarations peuvent être remises directement au bureau désigné ou y être adressées par la poste ; dans ce cas la lettre devra être recommandée et la date reconnue de l'envoi sera celle de la poste. Si le dernier jour fixé pour la remise des déclarations tombe un dimanche ou un jour de fête, cette remise devra avoir lieu la veille.

Art. 153. — Tout individu coupable d'avoir fait des opérations commerciales de ce genre, sans licence, sera passible des peines fixées par les lois du pays. En outre, il sera puni d'une amende de £ 5 au moins à £ 25 au plus, et, à défaut de payement, d'un emprisonnement, conformément à l'article 8, pour chaque contravention :

a. Tout individu qui aura fait sans licence des travaux de mine ou de prospection pour la recherche des pierres précieuses ou métaux précieux.

b. Tout individu qui aura délimité des claims, sur ses terres, sans licence de mine ou de prospection (délimitation considérée comme illégale, qui ne sera pas reconnue, et ne transmettra aucun droit à quelque époque que ce soit).

c. Tout individu qui aura fait sans licence des travaux de mine ou de prospection sur les terrains du gouvernement non proclamés ouverts, conformément à l'article 64 de la présente loi, à moins qu'une autorisation spéciale ne lui ait été donnée par le gouvernement. (Cette autorisation ne pourra être donnée pour plus de douze mois et deviendra nulle si des travaux de prospection n'ont pas été exécutés dans les six premiers mois.)

Art. 154. — Il est interdit à chacun de payer ses serviteurs en métaux précieux bruts ou amalgamés ou en pierres précieuses, sous peine d'une amende de £ 100 au plus ou, à défaut de payement, d'un emprisonnement, conformément à l'article 8; en outre de la confiscation, au profit de l'État, des métaux précieux bruts ou amalgamés et des pierres précieuses.

Art. 155. — Tout individu qui achètera à des indigènes des métaux précieux bruts ou amalgamés ou des pierres précieuses brutes, soit sur un terrain proclamé, soit sur un point quelconque du territoire de la république sud-africaine, sera puni d'une amende ne pouvant dépasser £ 1000 et d'un emprisonnement de cinq ans au plus avec ou sans *hard labour;* en outre de la confiscation, au profit de l'État, des pierres et des métaux précieux.

Art. 156. — Tout indigène qui aura vendu, échangé ou reçu des métaux précieux bruts ou amalgamés, ou des pierres précieuses, ou qui en aura en sa possession sera puni de cinquante coups de fouet au plus et d'un emprisonnement de cinq ans au plus avec ou sans *hard labour;* en outre de la confiscation, au profit de l'Etat, des métaux précieux bruts ou amalgamés et des pierres précieuses.

Art. 157. — Tout indigène devra, dans l'intérieur des mines publiques, posséder une passe mensuelle qui sera délivrée contre le payement de un shelling par mois par le Commissaire des Mines ou toute autre personne désignée à cet effet.

Tout indigène contrevenant à cette disposition sera puni d'une amende de cinq shellings.

Cet article s'applique également aux journaliers indigènes sur les terrains du gouvernement, ainsi que sur ceux qui sont ouverts à la prospection et sur les emplacements à bâtir ; mais il n'est pas applicable à ceux qui travaillent sur des terrains privés non proclamés et sur des fermes privées qui ont obtenu, conformément à l'article 26, un *vergunning* écrit, non plus que sur les terrains exploités sous concession ou *mynpacht.*

Art. 158. — Tout indigène ayant passé un contrat verbal ou par écrit pour entrer au service d'un maître sur un terrain proclamé, soit comme domestique, soit comme garçon de magasin ou de boutique, soit pour l'aider dans ses travaux sur un claim ou un cours d'eau ou dans une usine, et qui abandonne le service de son maître sans sa permission, ou refuse de travailler et de rendre les services qui lui sont demandés conformément à la loi, ou qui aura employé un langage menaçant vis-à-vis de son maître ou de la femme de celui-ci ou de toute autre personne ayant sur lui une autorité légalement reconnue, sera puni d'une amende de deux shellings au plus ou d'un emprisonnement ne pouvant excéder un mois avec ou sans *hard labour* et de vingt-cinq coups de fouet au plus. Tout employé ci-dessus mentionné (mais non indigène), coupable de quelqu'un des délits ci-dessus décrits, sera puni d'une amende de cinq shellings au plus ou d'un emprisonnement ne pouvant excéder trois mois. Conformément à l'article 11 de 1892, le Commissaire des Mines aura, dans les limites de sa juridiction, les mêmes droits que ceux dont jouit le *Landdrost,* excepté s'il existe un *Landdrost* spécial.

Art. 159. — La présente loi entre en vigueur le 1er novembre 1895.

APPENDICE

Tirage au sort des claims.

Attendu qu'il est désirable et nécessaire d'établir des dispositions spéciales pour l'attribution des claims lors de la proclamation de certaines fermes dans le cas où un grand concours de personnes peut faire commettre de graves irrégularités, il est maintenant et par les présentes établi ce qui suit :

1° A l'avenir, aucun terrain privé et aucun terrain du gouvernement déclaré mine publique par proclamation ne pourra être livré à l'exploitation minière avant que la proclamation ait été lue sur le terrain proclamé et pour lequel des licences seront délivrées pour la première fois.

2° A l'avenir, lors de la proclamation d'un terrain privé ou d'un terrain du gouvernement et quand le Ministre des Mines jugera que les circonstances le nécessitent, le gouvernement, avec l'avis et le consentement du Conseil Exécutif, aura le droit d'envoyer le *Surveyor général* pour mesurer lesdites fermes ou lesdits terrains du gouvernement sur lesquels se trouvent les claims et pour établir avant le jour de l'ouverture un plan des claims sur lequel ceux-ci seront respectivement numérotés.

Ce plan devra en outre indiquer, suivant les dispositions des articles 9, 10 et 14 de la loi n° 14 de 1894, la situation des claims qui doivent être mesurés et numérotés avant le jour de l'ouverture et de plus les *mynpachten*, *werf*, terres labourables et les autres terrains réservés sous l'article 20 de la loi précitée ainsi que les terrains réservés par le Commissaire des Mines, conformément au second alinéa de l'article 28 de la loi n° 14 de 1894.

3° Les claims ainsi mesurés et dont un plan aura été dressé, à l'exception de ceux indiqués par les articles 9, 10 et 14 de la Loi de l'Or, devront être distribués au public par voie de tirage au sort le jour de l'ouverture et, si c'est nécessaire, les jours suivants.

Le Commissaire des Mines ou son représentant légal établira pour le tirage au sort et la délivrance des claims :

a. Le nombre de claims à la disposition du public ;

b. Le nombre de personnes qui, présentes le jour de l'ouverture, désirent obtenir des claims.

En aucun cas il ne pourra être attribué par la loterie plus de douze claims à la même personne ; à cet égard les articles 61 et 62 de la Loi de l'Or devront être observés ainsi que toutes les dispositions qu'elle contient ou contiendra.

4° Les frais d'inspection de ces claims seront payés de suite au gouvernement par le propriétaire des claims lors de la délivrance de la licence, à défaut de quoi le Commissaire des Mines ou son clerc responsable aura le pouvoir de refuser la licence et il devra être procédé relativement à ces claims suivant les termes de l'article 61 *b* de la Loi de l'Or.

5° Au cas où tous les claims n'auraient pas été mesurés au jour de l'ouverture, il ne sera tiré au sort que ceux qui l'auront été et dont un plan aura été dressé. Ce tirage aura lieu le jour fixé par le Ministre des Mines ; il sera annoncé au moins trois semaines à l'avance par un avis publié dans le *Staats Courant*.

6° Le mode de tirage sera réglé par le Ministre des Mines, d'accord avec le gouvernement, et le Commissaire des Mines fera aussitôt que possible après la clôture du tirage un rapport au Ministre des Mines.

7° Ces dispositions devront être suivies immédiatement après la publication au *Staats Courant*.

Le tirage des claims sur la ferme de Luipaards Vlei, le 2 septembre 1895, a été réglé de la façon suivante :

Le tirage au sort des claims aura lieu de la même manière, à savoir :

1° Conformément aux dispositions ci-dessus, les claims mesurés et dont le plan aura été envoyé au *Surveyor général* par blocs de six claims devront être tirés au sort.

2° Ceux qui seront présents le jour de la proclamation sur le terrain proclamé seront qualifiés pour obtenir un lot gratis par chaque personne sur la ferme à proclamer pourvu qu'ils produisent leur reçu ou certificat prouvant qu'ils ont acquitté leurs taxes personnelles pour l'année courante.

3° Le nombre des billets sera fixé suivant le nombre des personnes qui, le jour de la proclamation et après sa lecture, seront présentes sur le terrain proclamé : elles seront tenues à faire elles-mêmes une demande au Commissaire des Mines ou au clerc responsable et à lui donner avis, après avoir produit le reçu de leurs taxes personnelles, qu'elles désirent participer au tirage au sort.

4° Le tirage au sort des claims aura lieu le jour de la proclamation et, si c'est nécessaire, les jours suivants et il commencera immédiatement après la lecture de la proclamation.

5° Quand le nombre des personnes présentes qui désirent participer au tirage dépassera le nombre de blocs de six claims, des billets perdants seront placés dans l'urne après les billets sur lesquels les blocs de six claims auront été inscrits dans un ordre consécutif pour chaque lot.

6° Les noms des personnes qui désirent participer au tirage seront placés dans l'urne n° 1 ; les billets avec les numéros et les nombres (six claims) ainsi que les billets perdants seront placés dans l'urne n° 2. Le fonctionnaire chargé du tirage devra tirer un lot de l'urne n° 2 tandis qu'un fonctionnaire nommé par le Chef des Mines tirera un nom de l'urne n° 1.

7° L'Inspecteur des claims sera tenu d'indiquer à chaque personne qui aura obtenu un numéro correspondant à des claims les limites et la situation de ces claims.

8° Le Chef des Mines exercera sa surveillance et enverra de temps en temps des instructions aux fonctionnaires relativement à ces dispositions.

Note interprétant les dispositions relatives à la loterie des claims.

Le second *Raad* ayant mis à son ordre du jour la discussion d'une missive du gouvernement renfermant une lettre du *Fieldcornet* Botha et un télégramme du *Fieldcornet* Gronje relativement aux loteries de claims qui doivent avoir lieu et à la participation qu'y peuvent prendre les jeunes gens de seize ans,

Et considérant que la loterie des claims est un cas spécial :

Déclare que : Dans ces cas spéciaux les jeunes gens de seize ans dont le nom est inscrit sur les listes du *Fieldcornet* et dont les parents ont payé leur taxe personnelle pour l'année courante auront qualité pour participer aux loteries dans les conditions suivantes :

1° Ils doivent être pourvus d'un certificat du *Fieldcornet* ou de son assistant, indiquant leur nom et la date de leur inscription sur les livres du *Fieldcornet;*

2° D'un certificat du fonctionnaire sous la juridiction duquel se trouvent leurs parents, prouvant que les taxes personnelles de leur père ou tuteur ont été payées pour l'année courante.

3° Ils devront être présents en personne à l'endroit et au moment du tirage au sort.

Cette résolution aura force de loi seulement dans les cas de loteries de claims et ne sera applicable dans aucun autre cas.

LOI SUR LES SOCIÉTÉS

La loi de la République Sud-Africaine, relative à la « Responsabilité des membres de certaines Compagnies » porte le n° 5 de 1874 et a été votée par le *Volksraad* (article 184, daté du 31 octobre 1874). L'article 1 établit qu'elle sera applicable à toute Société dont le capital est divisé en actions pouvant être transférées, ces Sociétés se composant de vingt-cinq membres au moins. Il est expressément établi qu'elle ne sera cependant pas applicable aux Sociétés de Banque. L'article 2 indique comment peut être obtenu l'enregistrement des Compagnies à responsabilité limitée et exige que, au moment de la demande d'enregistrement, chaque actionnaire ait payé au moins le dixième de ses actions. La déclaration faite par au moins deux des directeurs ou directeurs provisoires, établissant que ce dixième a été réellement payé, doit être déposée à l'enregistrement des actes avec les noms et les adresses des actionnaires, ainsi que le nombre d'actions dont ils sont porteurs. Toutes ces conditions étant remplies, le Receveur d'enregistrement a le pouvoir d'accorder un certificat d'enregistrement. La loi n'a pas d'effet rétroactif; mais les Sociétés désirant être enregistrées sous ce régime peuvent l'être conformément à l'article 3, en faisant les modifications qui seraient nécessaires relativement à leur nom, au versement du capital et aux statuts d'association de façon à être en règle avec les dispositions ci-dessus. Il ne peut être ainsi procédé qu'avec le consentement des 3/4 des actionnaires, représentant les 3/4 des membres et les 3/4 de la valeur des actions, présents ou représentés par procuration à l'assemblée générale convoquée dans ce but par un avis publié six semaines auparavant dans le *Staats Courant*.

L'article 4 établit que, une fois les certificats d'enregistrement accordés, la Compagnie ainsi enregistrée devra afficher sa raison sociale en tous lieux et tous bureaux où ses affaires se traitent et devra la placer également en tête de toutes ses notices, publications, billets, factures, chèques, traites, etc., en usage dans les affaires de la Compagnie. Une pénalité ne pouvant excéder £ 5 est prévue à l'article 5 pour la contravention à la première de ces dispositions, la Compagnie étant passible de cette pénalité pour chaque jour d'omission. En outre, une pénalité de £ 20 est fixée pour la contravention aux autres dispositions de l'article 4. D'après l'article 6 toute augmentation du capital nominal des Compagnies ainsi enregistrée doit être enregistrée par le Receveur d'enregistrement des actes; cette augmentation doit être approuvée par au moins les 3/4 des actionnaires présents ou représentés à l'assemblée spécialement convoquée dans ce but et 10 pour 100 au moins de l'augmentation de capital doivent être versés avant la demande d'enregistrement. Si une augmentation du capital est annoncée ou considérée comme faisant partie du capital de la Compagnie avant l'enregistrement, chaque directeur de la Compagnie est passible d'une amende de £ 50. D'après l'article 7, tous articles additionnels aux statuts doivent être enregistrés dans le mois qui suit leur adoption. Une liste trimestrielle des actions transférées doit être remise au Receveur d'enregistrement des actes, conformément à cet article et à l'article 8. Faute de faire la remise de cette liste, chaque directeur sera, conformément à l'article 9, passible d'une amende de £ 20. Les Compagnies ayant leur siège social ailleurs qu'à Pretoria doivent en outre remettre une copie de leur liste de transfert au *Landdrost* du district dans lequel le siège social est établi et, si cette liste n'est pas remise dans les mois de janvier et de juillet de chaque année, chaque directeur ayant omis de le faire sera passible d'une amende de £ 20.

L'article 10 établit que, sur demande écrite d'un acheteur ou d'un vendeur, les directeurs seront obligés de faire un seul compte de transfert, la partie qui fait le transfert payant toutes les dépensesqu'il entraîne.

L'article 11 établit que tous les comptes remis, ainsi que leur copie, sont livrés à l'examen du public. L'article 11 fixe comme suit les droits d'enregistrement : £ 10 pour un capital de £ 5,000 ou au-dessous; £ 20 pour un capital ne dépassant pas £ 20,000; £ 30 pour un capital au-dessus de £ 30,000. En outre, des frais seront payés au Receveur des actes pour les services qu'il aura rendus, ainsi qu'il sera déterminé par le Conseil Exécutif. D'après l'article 13, les actionnaires des Compagnies à responsabilité limitée, enregistrées, ne sont pas responsables des dettes des Compagnies dont ils sont membres, à moins que le capital de leurs actions n'ait pas été intégralement appelé (article 14). Si cela n'était pas suffisant pour permettre l'exécution d'un jugement obtenu contre la Compagnie, l'exécution peut alors être dirigée contre les précédents actionnaires pour la somme dont ils peuvent être responsables, pourvu qu'à l'époque où ils étaient enregistrés ils aient été partie au contrat ou à la convention qui a entrainé le procès. Mais aucune action contre les anciens actionnaires ne peut être intentée après deux ans à dater du jour où le transfert de leurs actions a été déposé au Receveur d'enregistrement des actes. L'article 16 rend les directeurs responsables au point de vue pénal pour des déclarations de dividendes ou répartitions de bénéfices faites à une époque où, à leur connaissance, la Compagnie était insolvable ou devait le devenir par le fait de ces payements. Dans ces deux cas, les directeurs sont solidairement tenus et responsables de toutes les dettes de la Compagnie existant à cette époque et de toutes celles qui sont contractées par la suite durant leur exercice de directeur. Le montant des dettes dont ils sont responsables ne peut dépasser celui des dividendes en question. Les directeurs qui, absents lors de la déclaration, auront par écrit établi leur protestation contre ces agissements ne seront pas responsables.

Une loi sur l'incorporation des Compagnies a été votée par le *Volksraad*, le 18 novembre 1874. Elle établit que le Conseil Exécutif peut accorder des lettres d'incorporation contre le payement d'un droit de £ 25, sous les conditions qu'il lui semblera nécessaire d'établir.

En 1891, un acte fut voté par le *Volksraad* pour compléter la loi sur la responsabilité limitée n° 5 de 1874. La première clause établit que toute personne dont le nom est porté sur un prospectus comme directeur d'une Compagnie, tout promoteur d'une Compagnie, toute personne ayant attaché son autorité à des prospectus, toute personne ayant fait sur ces prospectus de fausses déclarations sera responsable vis-à-vis des actionnaires, des créanciers et des obligataires qui ont été trompés par ces prospectus de toutes les pertes et de tous les dommages dont ils auront été victimes, sauf si elle peut établir qu'elle possède de bons terrains et qu'après de sérieuses investigations faites par elle elle croyait exactes les déclarations faites à l'époque de l'émission des actions et obligations, ou si, dès qu'elle s'aperçoit que ces déclarations étaient fausses, elle le fait savoir à l'un des directeurs, ou si les prospectus ont été émis à son insu, ou si elle refuse son consentement à leur publication et si elle fait connaître ce refus au public en en indiquant les motifs.

Les directeurs attaqués individuellement, aux termes de cet amendement, ont la faculté de réclamer le prorata de la somme pour laquelle ils sont condamnés aux autres personnes, qui, attaquées séparément, auraient été responsables du même payement. Il est établi que tout avis de dissolution, amalgamation ou liquidation de Compagnies, devra être remis dans les trois mois au Receveur d'enregistrement des actes et que toute contravention à cette disposition rendra les directeurs en défaut passibles chacun d'une amende de £ 15 au moins et £ 100 au plus, ou d'un emprisonnement ne pouvant excéder six mois, suivant les circonstances qui seront laissées à l'appréciation des Cours de la République. La clause 4 établit que toute Compagnie enregistrée dans la République peut être actionnée sous le nom de son incorporation, quand même les statuts de la Société contiendraient des dispositions contraires, devant le tribunal de l'office enregistré de la Compagnie, ou à une Cour qui serait plus proche, sur assignation adressée à la personne représentant la Compagnie.

La loi sur la liquidation des Compagnies (acte n° 8 de 1891) a été votée par le second *Volksraad* le 16 juillet 1891 et approuvée par le premier *Volksraad* de la même année. Elle établit que toute Compagnie peut être mise en liquidation par ordre de la Haute Cour ou de la Cour de l'arrondissement, ou de l'un des juges dans les Chambres :

a. Quand il est prouvé que de fausses déclarations ont été faites dans les prospectus;

b. Quand la liquidation a été votée par la Compagnie.

c. Quand une Compagnie n'a pas commencé ses opérations dans les douze mois de son incorporation, ou si elle les a interrompues pendant une année entière.

d. Quand le nombre des membres devient inférieur à 25.

e. Quand les 75 pour 100 du capital actuellement souscrit ont été perdus ou sont devenus sans valeur par suite des opérations de la Compagnie.

f. Quand la Compagnie ne peut pas payer ses dettes.

g. Quand la Haute Cour estime qu'il est bon et équitable que la Compagnie soit liquidée.

Ce jugement peut être délivré sur une demande faite au nom de la Compagnie, ou par un ou plusieurs créanciers, obligataires, actionnaires de la Compagnie. Des liquidateurs provisoires peuvent être nommés par la Cour avant ou après ce jugement. Les droits des liquidateurs sont complètement énoncés. Quand la liquidation de la Compagnie est décidée, la Cour a le pouvoir de rendre un ordre de dissolution et d'établir avec l'approbation du gouvernement telles règles qu'elle jugera utiles pour mener à bien la liquidation de la Compagnie.

Le 7 décembre 1892, le Conseil Exécutif a publié le décret suivant relatif aux actions au porteur et la proclamation lui a donné force de loi : « Lorsqu'une Compagnie aura été enregistrée conformément à la loi de la responsabilité limitée n° 5 de 1874, cette Compagnie aura qualité pour émettre des actions au porteur entièrement libérées qui à toute époque peuvent être échangées contre les certificats d'actions originairement établis par les statuts de la Société ou qui ont pu être modifiés par un vote spécial de la Compagnie. »

TARIF EN PRÉVISION

APPLICABLE A LOURENÇO-MARQUEZ SEULEMENT

TABLEAU A

DROITS D'IMPORTATION

Numéro d'ordre	NOMENCLATURE	Unités	Droits en reis	Droits en francs
1	Riz	kilo	10	
2	Sucres et cassonade	—	30	
3	Huile d'olive	litre	25	
4	Pommes de terre, oignons et biscuits de bord	kilo	20	
5	Boissons alcooliques de 24° Cartier et plus	litre	350	
6	— — jusqu'à 24° Cartier	—	300	
7	Cartouches à balle	ad val.	10 %	
8	Thé	kilo	300	
9	Bière	litre	40	
10	Champagne	—	300	
11	Verroteries pour Cafres	kilo	100	
12	Pioches pour Cafres	pièce	100	
13	— autres qualités	ad val.	5 %	5 %
14	Fusils	pièce	1000	
15	Produits horticoles et légumes frais, secs et en conserves, fruits secs et en conserves	kilo	50	
16	Beurre d'Europe ou de l'Inde, margarine et autres substances similaires	kilo	100	
17	Revolvers, pistolets	pièce	1000	
18	Poudre	kilo	300	
19	Savons parfumés et parfumerie	ad val.	10 %	10 %
20	Tabac non manipulé	kilo	250	
21	— en cigares	100	1000	
22	— sous quelque autre forme	kilo	1000	
23	Tissus	ad val.	10 %	10 %
24	Coton blanc ou en pièces	kilo	150	
25	Vinaigre	litre	50	
26	Vins de n'importe quelle qualité : A en bouteilles	—	80	
	Vins de n'importe quelle qualité : B en barils	—	60	
27	Vins nationaux : Douro, Madère et Porto en bouteilles	—	40	
	Vins nationaux : Autres : A en bouteilles	—	15	
	Vins nationaux : Autres : B en barils	—	5	
28	Matériaux de construction, inclus les pièces montées telles que fenêtres, portes, etc., etc.	ad val.	3 %	3 %
29	Tous les articles non spécifiés	—	5 %	5 %

TABLEAU B

MARCHANDISES EXEMPTES DE DROITS D'IMPORTATION

1 Animaux vivants (excepté les **bœufs**).
2 Charbon de pierre.
3 Monnaie étrangère en or.
4 Monnaie portugaise de provenance de ports portugais.
5 Fil pour filets de pêche (d'origine nationale).
6 Livres imprimés en n'importe quel idiome.
7 Machines à coudre et machines et instruments agricoles et industriels, avec pièces détachées; instruments et appareils de calcul, d'observation ou de précision.
8 Filets de pêche (d'origine nationale).
9 Sacs de gonis et grosse toile de lin (d'origine nationale).
10 Barriques fûts montés ou non montés (d'origine nationale).
11 Bouteilles en verre ou en porcelaine qui ont servi pour le transport des objets importés.
12 Wagons, wagonnettes, wagons de chemin de fer et rails.
13 Voitures de toutes espèces complètes, montées ou non (d'origine nationale).

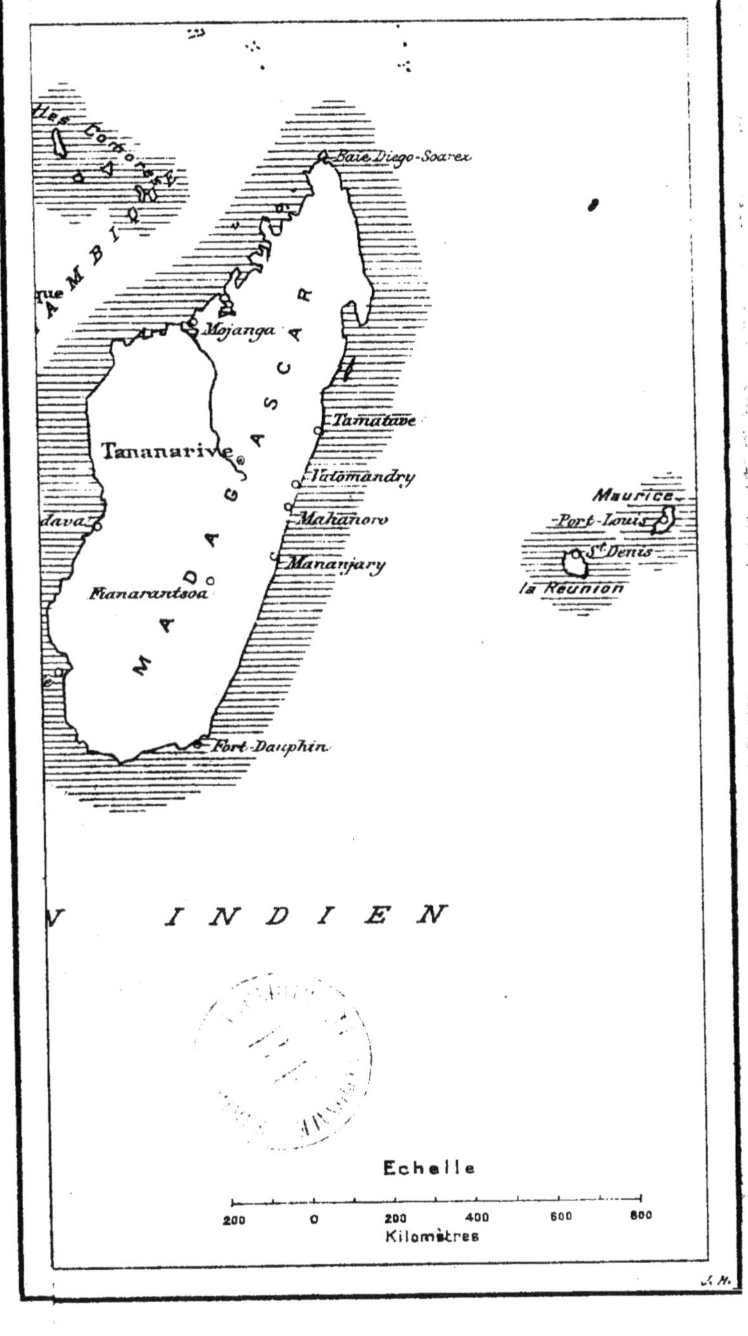
Iles Comores
Baie Diego-Soarez
MADAGASCAR
Mojanga
Tamatave
Tananarive
Vatomandry
Mahanoro
Mananjary
Fianarantsoa
Fort-Dauphin
Maurice
Port-Louis
St Denis
la Réunion
INDIEN
Echelle
200 0 200 400 600 800
Kilomètres

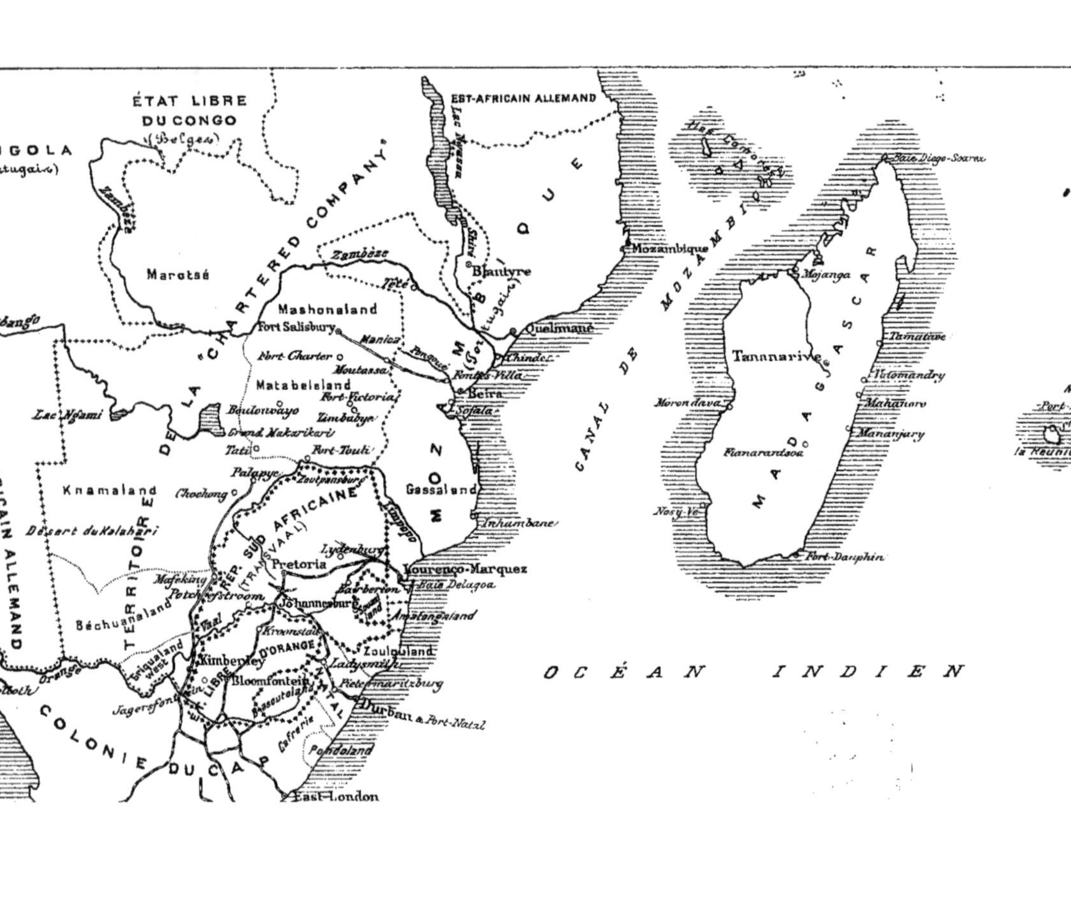

ÉTAT LIBRE DU CONGO
(Belges)
EST-AFRICAIN ALLEMAND
Lac Nyassa
Marotsé
Zambèze
Mashonaland
Fort Salisbury
Manica
Tete
Blantyre
Quelimane
Mozambique
Mojanga
Baie Diégo-Soarez
Tananarive
Tamatave
Morondava
Fianarantsoa
Mananjary
Nosy-Ve
Fort-Dauphin
MADAGASCAR
CANAL DE MOZAMBIQUE
Matabeleland
Boulouwayo
Fort-Victoria
Zimbabye
Beira
Sofala
Chinde
Lac Ngami
Tati
Fort-Touli
Palapye
Choshong
Knamaland
Désert du Kalahari
Gassaland
Inhambane
Pretoria
Lydenburg
Lourenço-Marquez
Baie Delagoa
Mafeking
Potchefstroom
Johannesburg
Barberton
Amatongaland
Béchuanaland
Kimberley
Bloomfontein
Zoululand
Ladysmith
Pietermaritzburg
Durban & Port-Natal
Jagersfontein
Cafrerie
Pondoland
East-London
COLONIE DU CAP
OCÉAN INDIEN
la Réunion

2211. — Librairies-Imprimeries réunies, rue Mignon, 2, Paris.

www.ingramcontent.com/pod-product-compliance
Ingram Content Group UK Ltd.
Pitfield, Milton Keynes, MK11 3LW, UK
UKHW012239240726
13966UKWH00003B/1168

9 782013 426213